ଅକାଳରେ ସାରସ

ଅକାଳରେ ସାରସ

କେଦାରନାଥ ସିଂହ

ଅନୁବାଦ

ମନୋରଂଜନ ପଟ୍ଟନାୟକ

ବ୍ଲାକ୍ ଈଗଲ୍ ବୁକ୍ସ
ଭୁବନେଶ୍ୱର, ଓଡ଼ିଶା

BLACK EAGLE BOOKS
Dublin, USA

ଅକାଳରେ ସାରସ / କେଦାରନାଥ ସିଂହ

ଅନୁବାଦ- **ମନୋରଂଜନ ପଟ୍ଟନାୟକ**

ବ୍ଲାକ୍ ଇଗଲ୍ ବୁକ୍ସ : ଭୁବନେଶ୍ୱର, ଓଡ଼ିଶା • ଡବଲିନ୍, ଯୁକ୍ତରାଷ୍ଟ୍ର ଆମେରିକା

BLACK EAGLE BOOKS

USA address:
7464 Wisdom Lane
Dublin, OH 43016

India address:
E/312, Trident Galaxy, Kalinga Nagar,
Bhubaneswar-751003, Odisha, India

E-mail: info@blackeaglebooks.org
Website: www.blackeaglebooks.org

First International Edition Published by
BLACK EAGLE BOOKS, 2024

AKALARE SARASA
by **Kedarnath Singh**
Translated by Manoranjan Pattanayak

Original Copyright © Kedarnath Singh
Translation Copyright © Manoranjan Pattanayak

All rights reserved. No part of this publication may be reproduced, stored in a retrieval system, or transmitted, in any form or by any means, electronic, mechanical, photocopying, recording or otherwise without the prior permission of the publisher.

Cover & Interior Design: Ezy's Publication

ISBN- 978-1-64560-550-8 (Paperback)

Printed in the United States of America

ଉତ୍ସର୍ଗ

ବାପା, ବୋଉଙ୍କ ସ୍ମୃତିରେ ଉତ୍ସର୍ଗୀକୃତ

- ବାବୁନି

ଭୂମିକା

ଜ୍ଞାନପୀଠ ପୁରସ୍କାର ପ୍ରାପ୍ତ ହିନ୍ଦୀର ପ୍ରସିଦ୍ଧ କବି କେଦାରନାଥ ସିଂହ (୭ ଜୁଲାଇ ୧୯୩୪ - ୧୯ ମାର୍ଚ୍ଚ ୨୦୧୮) ଉତ୍ତର ପ୍ରଦେଶର ବାଲିୟା ଜିଲ୍ଲାର ଚକିୟା ଗ୍ରାମରେ ଜନ୍ମଗ୍ରହଣ କରିଥିଲେ। ୧୬ବର୍ଷ ବୟସରୁ ସିଏ କବିତା ଲେଖିବା ଆରମ୍ଭ କରିଥିଲେ। ସିଏ ବନାରସର ଉଦୟ ପ୍ରତାପ କଲେଜରୁ ସ୍ନାତକ ଏବଂ ପରବର୍ତ୍ତୀ କାଳରେ କାଶୀ ହିନ୍ଦୁ ବିଶ୍ୱବିଦ୍ୟାଳୟରୁ ଏମ୍. ଏ. (ହିନ୍ଦୀ) ଓ ପି.ଏଚ୍. ଡି ପ୍ରାପ୍ତ କରିଥିଲେ। କିଛି ସମୟ ପାଇଁ ଗୋରଖପୁରରେ ହିନ୍ଦୀ ଭାଷାରେ ଅଧ୍ୟାପକ ଭାବରେ କାର୍ଯ୍ୟ କରିଥିଲେ, ତା'ପରେ ଦିଲ୍ଲୀର ଜବାହାରଲାଲ ନେହେରୁ ବିଶ୍ୱବିଦ୍ୟାଳୟରେ ଭାଷା ଓ ସାହିତ୍ୟର ଅଧ୍ୟାପକ ହିସାବରେ ୧୯୭୬-୧୯୯୯ ମସିହା ପର୍ଯ୍ୟନ୍ତ କର୍ମରତ ଥିଲେ।

ଲୋକ ଜୀବନ, ମାନବ ମୂଲ୍ୟର କବି ଥିଲେ କେଦାରନାଥ ସିଂହ। ଶବ୍ଦ, ସରସ୍ୱତୀ ଏବଂ ମନୁଷ୍ୟମାନଙ୍କର ସାଧନାରେ ଲାଗି ରହିଥିବା ଲୋକମାନଙ୍କ ପାଇଁ ସିଏ ଥିଲେ ବରଦାନ। ସିଏ ଥିଲେ ଜଣେ ବିଶିଷ୍ଟ ମାନବତାବାଦୀ ଏବଂ ପ୍ରକୃତିର ଲେଖକ। ସହଜତା, ସରଳତା ଥିଲା ତାଙ୍କର ବିଦ୍‌ବତା।

ମହାନଗରୀୟ ସଂସ୍କୃତିର ବଢୁଥିବା ପ୍ରଭାବର କାରଣରୁ ଗ୍ରାମୀଣ ଜୀବନର ପାରମ୍ପରିକ ସଂବେଦନାରେ ଆସୁଥିବା ପରିବର୍ତ୍ତନକୁ ସିଏ ରେଖାଙ୍କିତ କରିଛନ୍ତି। ବାସ୍ତବରେ ସିଏ ନିଜ କବିତାଗୁଡ଼ିକରେ ଗାଁ ଓ ସହରର ମଝିରେ ଠିଆ ହୋଇ ରହିଥିବା ମଣିଷର ଜୀବନରେ ଏହି ସ୍ଥିତିର କାରଣରୁ ଉପୁଜିଥିବା ବିରୋଧାଭାସକୁ ଅପୂର୍ବ ଉପାୟରେ ବ୍ୟକ୍ତ କରିଛନ୍ତି।

ସିଏ ଯେତେ ଗାଁର କବି ଥିଲେ ସେତେ ସହରର କବି ଥିଲେ। ସିଏ ନିଜର କବିତା ଜରିଆରେ ଆମକୁ ଅନୁପ୍ରାସ ଓ କାବ୍ୟାତ୍ମକ ଗୀତର ଦୁର୍ଲଭ ସଂଗୀତ ଦେଇଛନ୍ତି। ସିଏ ସହର ଏବଂ ଗାଁ ଉପରେ କେନ୍ଦ୍ରିତ କବିତାମାନ ଲେଖିଛନ୍ତି। ସିଏ କହୁଥିଲେ

ଯେ ମୁଁ ଗାଁରୁ ଯାହା ଅର୍ଜନ କରିଛି, ତାକୁ ସାହିତ୍ୟରେ ଖର୍ଚ୍ଚ କରୁଛି।

ସଚ୍ଚିଦାନନ୍ଦ ହୀରାନନ୍ଦ ବତ୍ସାୟନ ଅଜ୍ଞେୟ କେଦାରନାଥଙ୍କର କବିତାଗୁଡ଼ିକୁ 'ତୀସରା ସପ୍ତକ' ରେ ସଂକଳିତ କରିଥିଲେ। ସେଗୁଡ଼ିକ 'ତୀସରା ସପ୍ତକ'ରେ ୧୯୬୦ ମସିହାରେ ଛପା ଯାଇଥିଲା। 'ତୀସରା ସପ୍ତକ' ରେ ଛପା ହେବାର ମାନେ ହେଲା କବି ରୂପରେ ପ୍ରତିଷ୍ଠିତ ହେବା। କେଦାରନାଥ ୧୯୫୦ ମସିହା ପାଖାପାଖି କବିତା ଲେଖିବା ଆରମ୍ଭ କରନ୍ତି। ତାଙ୍କର ପ୍ରଥମ କବିତା ସଂଗ୍ରହ ବି ୧୯୬୦ ମସିହାରେ ପ୍ରକାଶ ପାଇଥିଲା।

ତାଙ୍କ କବିତାର ମେରୁଦଣ୍ଡ ହେଲା ସରଳତା ଆଉ ଏହି ସରଳତା ଦ୍ୱାରା ସିଏ ସବୁ ଜଟିଳ ବିଷୟକୁ ପ୍ରକାଶ କରିଥିଲେ ବା ରୂପ ଦେଇଥିଲେ ତାଙ୍କ କବିତାରେ। ସିଏ କବି ହେଲେ ବି ଏକାଧାରରେ ଥିଲେ ସମାଲୋଚକ ଓ ଗଦ୍ୟକାର।

ତାଙ୍କର ମୁଖ୍ୟ କାବ୍ୟକୃତିଗୁଡ଼ିକ ହେଲା- 'ଜମୀନ ପକ୍ ରହୀ ହୈ', 'ୟହାଁ ସେ ଦେଖୋ', 'ଉତ୍ତର କବୀର', 'ସୃଷ୍ଟି ପର ପହରା', 'ମତଦାନକେନ୍ଦ୍ର ପର ଝପ୍‌କୀ', 'ଟଲଷ୍ଟୟ ଔର ସାଇକେଲ', 'ବାଘ' ଇତ୍ୟାଦି।

ଅନେକ ପୁରସ୍କାରରେ ସିଏ ବିଭୂଷିତ। ୧୯୮୯ ମସିହାରେ 'ଅକାଲ ମେଁ ସାରସ' (ଯାହାର ଓଡ଼ିଆ ଅନୁବାଦ ହେଉଛି ଏହି ପୁସ୍ତକ 'ଅକାଲରେ ସାରସ') ପାଇଁ ତାଙ୍କୁ ସାହିତ୍ୟ ଏକାଡେମି ପୁରସ୍କାର ମିଳିଥିଲା। ଏହା ବ୍ୟତୀତ ଯେଉଁ ପୁରସ୍କାର ଗୁଡ଼ିକରେ ସିଏ ସମ୍ମାନିତ ସେଗୁଡ଼ିକ ହେଲା ଭାରତୀୟ ଜ୍ଞାନପୀଠ ପୁରସ୍କାର (ଯାହା ତାଙ୍କୁ ମିଳିଥିଲା ୨୦୧୩ ମସିହାରେ), ମୈଥିଳୀଶରଣ ଗୁପ୍ତ ପୁରସ୍କାର (ମଧ୍ୟ ପ୍ରଦେଶ), କୁମାରନ ଆଶାନ ପୁରସ୍କାର (କେରଳ), ଦିନକର ପୁରସ୍କାର (ବିହାର), ଜୀବନ ଭାରତୀ ସମ୍ମାନ (ଓଡ଼ିଶା), ଭାରତ ଭାରତୀ ସମ୍ମାନ (ଉତ୍ତର ପ୍ରଦେଶ), ଗଙ୍ଗାଧର ମେହର ରାଷ୍ଟ୍ରୀୟ କବିତା ସମ୍ମାନ (ଓଡ଼ିଶା), ଜଶୁଆ ସମ୍ମାନ (ଆନ୍ଧ୍ର ପ୍ରଦେଶ), ବ୍ୟାସ ସମ୍ମାନ ପ୍ରଭୃତି।

ଭାରତୀୟ ଜ୍ଞାନପୀଠ ଦ୍ୱାରା ତାଙ୍କୁ ୨୦୧୩ ମସିହାରେ ୪୯ତମ ଜ୍ଞାନପୀଠ ପୁରସ୍କାର ପ୍ରଦାନ କରାଯାଇଥିଲା। ସିଏ ଏହି ପୁରସ୍କାର ପାଇବାରେ ହିନ୍ଦୀ ସାହିତ୍ୟର ୧୦ମ ଲେଖକ ଥିଲେ।

ତାଙ୍କ କବିତାଗ୍ରନ୍ଥଗୁଡ଼ିକ ଇଂରେଜୀ, ରୁଶୀୟ, ସ୍ପେନୀୟ ଓ ଫରାସୀ ଭାଷାରେ ଅନୂଦିତ ହେବା ଛଡ଼ା ଭାରତର ବିଭିନ୍ନ ପ୍ରାଦେଶିକ ଭାଷାରେ ମଧ୍ୟ ଅନୁବାଦ କରାଯାଇଛି। ଓଡ଼ିଆରେ ତାଙ୍କର ୨ଟି କବିତା ଗ୍ରନ୍ଥ ଶ୍ରୀଯୁକ୍ତ କ୍ଷୀରୋଦ ପରିଡ଼ାଙ୍କ ଦ୍ୱାରା ଅନୂଦିତ ହୋଇ ପ୍ରକାଶ ପାଇଛି। ସେ ଦୁଇଟି ହେଲା- 'ମତଦାନ କେନ୍ଦ୍ର ମେଁ

ଝପ୍‌କୀ’ ଯାହା ‘ମତଦାନ କେନ୍ଦ୍ରରେ ଛାଇନିଦ’ ନାମରେ ୨୦୧୯ ମସିହାରେ ପ୍ରକାଶ ପାଇଛି, ଦ୍ୱିତୀୟଟି ହେଲା ‘ସୃଷ୍ଟି ପର ପହରା’ ଯାହା ‘ସର୍ଜନର ନିରୀକ୍ଷଣ’ ନାମରେ ୨୦୨୦ ମସିହାରେ ବ୍ଲାକ ଈଗଲ୍ ବୁକ୍ସ ଦ୍ୱାରା ପ୍ରକାଶିତ।

ଏକାଡେମୀ ପୁରସ୍କାର ପ୍ରାପ୍ତ ‘ଅକାଲ ମେଁ ସାରସ’ କବିତାଗ୍ରନ୍ଥଟି ହିନ୍ଦୀ କବିତାକୁ ସର୍ବଥା ଏକ ନୂତନ ମୋଡ଼ ଦେବାର ସାର୍ଥକ ପ୍ରଚେଷ୍ଟା। ଏହି ସଂଗ୍ରହ ସହିତ ଏହି ଆଶା ରହିବ ଯେ କବିତା ନିଜ ମୂଳରେ ପ୍ରସାରିତ ହୁଏ ଆଉ ସେହି ଆଶାରୁ ପ୍ରାପ୍ତ ଉର୍ଜାର ବଳ ଉପରେ ସିଏ ନିଜ ସମୟ, ପରିବେଶ, ମଣିଷର ସଂଘର୍ଷ, ପ୍ରକୃତିରେ ଭଡ଼କି ଉଠୁଥିବା ଜିବୀବିଷାକୁ ଶବ୍ଦ ଦେବାରେ ସକ୍ଷମ ହୁଏ। ଏହି ପୁସ୍ତକଟି ଜନପଦୀୟ ଚେତନାରେ ରଚିତ ଭାଷାର ଐନ୍ଦ୍ରିକତା, ଅର୍ଥଧ୍ୱନି, ମୂର୍ତ୍ତତା, ଗୁଂଜନ ଓ ବ୍ୟାପ୍ତିକୁ ଚିହ୍ନିବା ସେତିକି ସହଜ ଯେତିକି ଶ୍ୱାସ ନେବା। କିନ୍ତୁ ଏହି ସହଜ ପରିଚୟରେ ବହୁତ କିଛି ରହିଛି ଯାହା ତା ଜରିଆରେ ଜୀବନରେ ଲୁଚି ରହିଥିବା କିମ୍ବା ଅଧିକ ଗଭୀର ସତ୍ୟତା ପ୍ରତି ଉତ୍ସୁକ କରିଦିଏ। ଗୋଟିଏ ଭାବରେ ଦେଖିବାକୁ ଗଲେ ଏହି କବିତାଗୁଡ଼ିକର ସରଳତା ସେହି ବିଡ଼ମ୍ବନାପୂର୍ଣ୍ଣ ସରଳତାର ଉଦାହରଣ ଯାହା ବସ୍ତୁଗୁଡ଼ିକରେ ଲୁଚି ରହିଥିବା ଜୀବନ-ମର୍ମକୁ ଭେଦ କରି ଦେଖିବାର ଅଦ୍ଭୁତ ପ୍ରଚେଷ୍ଟା ବୋଲି କୁହାଯାଇପାରେ।

ଦିଲ୍ଲୀରେ ତାଙ୍କର ଅସୁସ୍ଥତା ପାଇଁ ଉପଚାର ଚାଲିଥିବା ବେଳେ ୧୯ ମାର୍ଚ୍ଚ ୨୦୧୮ ମସିହାରେ ସିଏ ମୃତ୍ୟୁବରଣ କଲେ।

ମୋର ଏହି ଅନୂଦିତ ପୁସ୍ତକ ‘ଅକାଲରେ ସାରସ’ ଓଡ଼ିଶାର ସୁଧୀ ପାଠକ ମହଲରେ ଆଦୃତ ହେବ ବୋଲି ଆଶା ଓ ବିଶ୍ୱାସ।

- ଅନୁବାଦକ

ସୂଚିପତ୍ର

ମାତୃଭାଷା	୧୩
ବୁଢ଼ା ଆଙ୍ଗୁଠିର ଟିପ ଚିହ୍ନ	୧୪
ଗୋଟିଏ ଛୋଟ ଧରଣର ଅନୁରୋଧ	୧୫
ଫଳରେ ଥିବା ସ୍ୱାଦ ପରି	୧୭
ସୂର୍ଯ୍ୟାସ୍ତ ପରେ ଗୋଟିଏ ଅନ୍ଧାରିଆ ବସ୍ତିର ପାଖ ଦେଇ ଚାଲିଯିବା ବେଳେ	୧୮
କିଛି ସୂତ୍ର ଯାହା ଚାଷୀ ତା ପୁଅକୁ ଦେଲା	୨୦
ଅକାଳରେ ଦୂବ	୨୩
ଅକାଳରେ ସାରସ	୨୬
ଓଠ	୨୯
ହେ ମୋର ଉଦାସ ପୃଥିବୀ	୩୧
ରାସ୍ତା	୩୨
ସଡ଼କ ଉପରେ ଦେଖାହେଲେ କବି ତ୍ରିଲୋଚନ	୩୫
ଆଁକୁସପୁର	୩୮
ଭରିଯିବ ବହୁତ କିଛି	୩୯
ଗୋଟିଏ ଲମ୍ବା ବ୍ୟବଧାନ ପରେ ଗଙ୍ଗାକୁ ଦେଖି କରି	୪୧
ବାଲିର ସ୍ପର୍ଶ	୪୩
ପର୍ବସ୍ନାନ	୪୫
ଏକଜିଦିଆ ଶ୍ୱାସ	୪୭
ନ ଥିବାର ଗନ୍ଧ	୫୦
ଲୋକକଥା	୫୨
ମିଶିଯାଇ ଗଳିତ ହୋଇ	୫୪
ଗୋଟିଏ କବିତା - ନିରାଲାଙ୍କୁ ମନେ ପକେଇ	୫୬
ନୂଆ ସହରରେ ବରଗଛ	୫୭
ପୁଂଜି	୫୮
ରକ୍ତରେ ଫୁଟିଥିବା କମଳ	୫୯
ପୁଣି ବାଲିଲା ଘଣ୍ଟି	୬୦
ସିଏ	୬୩

ଗୋଟେ ଦିନ ହସ-ହସରେ	୬୫
ଆସିବ	୬୬
ଅନ୍ୟ ସହରରେ	୬୮
ରୋଷେଇ ଘରେ ଛୁରୀ	୬୯
ଜନ୍ମଦିନର ଖରାରେ	୭୧
ଜିଦି	୭୩
ଧୀରେ ଧୀରେ ଆମେ	୭୫
ଦାଗ	୭୬
ଅଳିଆଗଦା	୭୮
ଆଉ ଗୋଟିଏ ଅକାଳ	୮୦
ଜୋତା	୮୨
ଛୋଟ ସହରର ଗୋଟିଏ ଦି'ପହର	୮୩
ବିଡ଼ା	୮୪
ଦାନାଗୁଡ଼ିକ	୮୬
ପଶୁମେଳା	୮୮
ପାଞ୍ଚଟି କୁକୁର ଛୁଆ	୯୦
ଗୋଟେ ଦିନ ଭକ୍ କରି	୯୧
ନଦୀ	୯୨
ଗୋଟିଏ କାଳଜୟୀ କୃତି ଭଳିଆ	୯୪
ଚହଲୁଥିବା ବୁଢ଼ାମାନେ	୯୫
ଦୁଃଖୀ–୧	୯୭
ଦୁଃଖୀ–୨	୯୮
ରାତିରେ ସିଲେଇ	୯୯
ତିଆରି ହେଉଥିବା ଘର	୧୦୧
ଭୂମିକମ୍ପ ହେବା ଭଳି ଗୋଟିଏ ରାତି	୧୦୨
କଳାମାଟି	୧୦୩
କଠୋର ଶୀତରେ	୧୦୪
ଗୋଟିଏ ମୁକୁଟ ପରି	୧୦୫
ଚିଠି	୧୦୬
ଚେହେରା	୧୦୮
ଥଣ୍ଡାରେ ମରେନି ଶବ୍ଦ	୧୧୦
ଇନ୍ଦ୍ରିୟବୋଧ	୧୧୩
ଆଶା ଛାଡ଼ିଦିନି କବିତାଗୁଡ଼ିକ	୧୧୪
ପ୍ରିୟ ପାଠକ	୧୧୭

ମାତୃଭାଷା

ପିମ୍ପୁଡ଼ି ଯେମିତି ଫେରି ଆସେ
ଗାତ ଭିତରକୁ
କାଠକଟା ପୋକ ଫେରି ଆସେ
କାଠର ପାଖକୁ
ବାୟୁଯାନ ଫେରି ଆସନ୍ତି ଗୋଟିଏ ପରେ ଗୋଟିଏ
ଲାଲ ଆକାଶରେ ଡେଣାକୁ ପସାରି ଦେଇ
ବିମାନ ବନ୍ଦର ଆଡ଼େ

ହେ ମୋର ଭାଷା
ମୁଁ ଫେରି ଆସେ ତୁମ ଭିତରକୁ
ଯେବେ ଚୁପ୍ ରହି ରହି
କଠିଣ ହୋଇଯାଏ ମୋ ଜିଭ
ବ୍ୟଥିତ ହୋଇଯାଏ
ମୋର ଆତ୍ମା

ବୁଢ଼ା ଆଙ୍ଗୁଠିର ଟିପଚିହ୍ନ

କିଏ ତିଆରି କଲା
ବର୍ଣ୍ଣମାଳାର ଅକ୍ଷର

ଏହି କଳା କଳା ଅକ୍ଷର
ଧୂସର ଅକ୍ଷର
କିଏ ତିଆରି କଲା

ଚକ୍‌ଖଡ଼ି
ପକ୍ଷୀର ପର
ଓଇ
କିମ୍ବା ବ୍ଲାକ୍‌ବୋର୍ଡ

କିଏ
ତାହେଲେ କିଏ ତିଆରି କଲା
ବର୍ଣ୍ଣମାଳାର ଅକ୍ଷର

'ମୁଁ... ମୁଁ'-
ସବୁ ହସ୍ତାକ୍ଷର ଗୁଡ଼ିକୁ
ଆଙ୍ଗୁଠି ଦେଖାଇ କରି
ଧୀରେ କହି ଉଠିଲି
ଗୋଟିଏ ବୁଢ଼ା ଆଙ୍ଗୁଠିର ଟିପଚିହ୍ନ

ଆଉ ପର ମୁହୂର୍ତ୍ତରେ
ଉଭେଇ ଗଲା

ଗୋଟିଏ ଛୋଟ ଧରଣର ଅନୁରୋଧ

ଆଜି ସଂଧ୍ୟାରେ
ଯେଉଁମାନେ ବଜାରକୁ ଯାଉଛନ୍ତି
ସେମାନଙ୍କୁ ମୋର ଅନୁରୋଧ
ଗୋଟିଏ ଛୋଟ ଧରଣର ଅନୁରୋଧ
ଆଜିର ସଂଧ୍ୟାରେ ଏମିତି କାହିଁକି ନ ହେବ ଯେ
ଆମେ ଆମର ଥଳିଗୁଡ଼ିକୁ ଆଉ ଜିନିଷଗୁଡ଼ିକୁ
ରଖିଦେବୁ ଗୋଟେ ପଟେ
ଆଉ ସିଧା ସିଧା ଚାଲିଯିବୁ ଧାନ କେଣ୍ଡା ଆଡ଼େ

ଚାଲ ଦରକାର ଅଛି
ଦରକାର ଅଛି ଅଟା, ଡାଲି, ଲୁଣ, ପୋଦିନା
କିନ୍ତୁ କାହିଁକି ଏମିତି ନ ହେବ ଆଜି ସଂଧ୍ୟାରେ
ଆମେ ସିଧା ସେଠି ପହଞ୍ଚିଯିବା
ଠିକ୍ ସେଇଠି
ଯେଉଁଠି ଚାଉଳ
ଦାନା ହେବା ଆଗରୁ
ସୁଗନ୍ଧର ପୀଡ଼ାରେ ଛଟପଟ ହେଉଥିବ

ଏହା ଉଚିତ ହେବ ଯେ,
ଆମେ ଆରମ୍ଭରୁ ହିଁ
ସାମ୍ନା ସାମ୍ନି
ବିନା କୌଣସି ଦୋଭାଷୀର
ସିଧା ସେହି ସୁଗନ୍ଧ ସହିତ
କଥାବାର୍ତ୍ତା ହେବା
ଏହା ରକ୍ତ ପାଇଁ ଭଲ
ଭଲ ଭୋକ ପାଇଁ
ନିଦ ପାଇଁ

କେମିତି ହେବ
ବଜାର ମଝିରେ ନ ଆସିଲେ
ଆଉ ଆମେ ଥରୁଟିଏ
ଲୁଚି ଲୁଚି ଚାଉଳକୁ ଭେଟିବା
ଭେଟିବା ଲୁଣକୁ
ପୋଦିନାକୁ
କେମିତି ହେବ
ଥରୁଟିଏ ... ଖାଲି ଥରୁଟିଏ...

ଫଳରେ ଥିବା ସ୍ୱାଦ ପରି

ଆକାଶରେ ଯେମିତି ତାରାଗୁଡ଼ିକ
ପାଣିରେ ପାଣିକୁମ୍ଭୀର
ପବନରେ ଅକ୍ସିଜେନ

ପୃଥିବୀ ଉପରେ ସେମିତି
ମୁଁ
ତୁମେ
ବାୟୁ
ମୃତ୍ୟୁ
ଶୋରିଷର ଫୁଲ

ଯେମିତି ଦିଆସିଲିରେ କାଠି
ଘରେ ଦୁଆର
ପିଠିରେ ଫୋଡ଼ା
ଫଳରେ ସ୍ୱାଦ

ସେମିତି...
ସେମିତି...

ସୂର୍ଯ୍ୟାସ୍ତ ପରେ ଗୋଟିଏ ଅନ୍ଧାରିଆ ବସ୍ତିର ପାଖ ଦେଇ ଚାଲିଯିବା ବେଳେ

ଭରି ନିଅ
ଦୁଧର ଧାରର
ଆସ୍ତେ ଆସ୍ତେ ଚୋଟଗୁଡ଼ିକୁ
ଦୀପଶିଖାର ପ୍ରଥମ କଂପମାନ
ଆତ୍ମାରେ ଭରି ନିଅ

ଭରି ନିଅ
ଜଣେ ଝୁଙ୍କି ଯାଇଥିବା ବୁଢ଼ୀ
ଦୃଷ୍ଟି ଆଗରେ
ରାମ ଚରିତ ମାନସର ପ୍ରଥମ ଚୌପଦୀର ଉନ୍ମୋଚନ
ଆଉ ଅନ୍ତିମ ଦୋହାଗୁଡ଼ିକର
ଆଞ୍ଚକୁ ଭରିନିଅ

ଭରି ନିଅ
ଅନେଇ କରି ରହିଥିବା ଆଖି ଗୁଡ଼ିକର
ଅତ୍ୟନ୍ତ ଗଭୀର ଶୂନ୍ୟତା
ଗ୍ରାମ ପ୍ରାନ୍ତରେ ଶିଆଳର

ଚିତ୍କାର କରିବାର ଆବାଜ
ବିଛାମାନଙ୍କର
ଉଠିଥିବା ଡଙ୍କଗୁଡ଼ିକର
ସବୁ ଅସ୍ଥିରତା
ଆତ୍ମାରେ ଭରି ନିଅ

ଆଉ କବି ମହାଶୟ ଶୁଣ
ଭୋକ ପ୍ରବଳ ହୋଇଉଠିବା ଆଗରୁ
ଆଉ ଅନ୍ଧାର ତୁମକୁ ଫୋପାଡ଼ିଦେବା ଆଗରୁ
ଭରି ନିଅ
ଏହି ପୂରା ବ୍ରହ୍ମାଣ୍ଡକୁ
ଗୋଟିଏ ଛୋଟ ଧରଣର ଶ୍ୱାସର
ଡବାରେ ଭରିନିଅ

କିଛି ସୂତ୍ର ଯାହା ଚାଷୀ ବାପା ତା ପୁଅକୁ ଦେଲା

ମୋ ପୁଅ
କୂଅକୁ କେବେହେଲେ ଝୁଙ୍କି
ପଡ଼ିବୁନି
କିନ୍ତୁ ସିଆଡ଼େ କେବେହେଲେ ଯିବୁନି
ଯେଉଁଠି ଉଡ଼ି ବୁଲୁଥିବେ
କଳା କଳା କାଉମାନେ

ସବୁଜ ପତ୍ର
କେବେ ବି ଛିଣ୍ଡେଇବୁନି
ଆଉ ଯଦି ଛିଣ୍ଡାଉ ତେବେ ଏମିତି ଭାବରେ
ଯେମିତି କି ଗଛକୁ ଟିକିଏ ହେଲେ
ପୀଡ଼ା ହେବନି

ରାତିରେ ଯେତେବେଳେ ରୁଟିକୁ ଛିଣ୍ଡେଇବୁ
ସେତେବେଳେ ମୁଣ୍ଡକୁ ନୁଆଁଇ ଦେଇ
ଗହମର ଚାରାଗଛକୁ ମନେ ପକେଇବୁ

ଯଦି କେବେ ଲାଲ ପିମ୍ପୁଡ଼ି
ଦେଖା ଯିବେ

ତାହେଲେ ଜାଣିବୁ
ଝଡ଼ ଆସିବାର ଅଛି

ଯଦି କେବେ କେବେ ରାତି ପର୍ଯ୍ୟନ୍ତ
ଶୁଣାଯାଏନି ଶିଆଳର ଆବାଜ
ତାହେଲେ ଜାଣିବୁ
ଖରାପ ଦିନ ଆସିବାର ଅଛି

ମୋ ପୁଅ
କେବେ ବି ବିଜୁଳି ପରି ପଡ଼ି ଯିବୁନି
ଆଉ ଯଦି କେବେ ପଡ଼ି ଯାଉ
ତାହେଲେ ଦୂବ ପରି ଉଠିବା ପାଇଁ
ସବୁବେଳେ ପ୍ରସ୍ତୁତ ହୋଇ ରହିବୁ

କେବେ ଅନ୍ଧାରରେ
ଯଦି ରାସ୍ତା ଭୁଲି ଯାଉ
ତାହେଲେ ଧ୍ରୁବତାରା ଉପରେ ନୁହେଁ
କେବଳ ଦୂରରୁ ଆସୁଥିବା
ଭୁକୁଥିବା କୁକୁରମାନଙ୍କର ଆବାଜ ଉପରେ
ଭରସା ରଖିବୁ

ମୋ ପୁଅ
କେବେ ବୁଧବାରକୁ ତୁ ଉତ୍ତର ବୋଲି ଜାଣିବୁନି
ନା ରବିବାରକୁ ପଶ୍ଚିମ ବୋଲି

ଆଉ ସବୁଠୁ ବଡ଼ କଥା ହେଲା ମୋ ପୁଅ
ଲେଖି ସାରିବା ପରେ
ଏହି ଶବ୍ଦଗୁଡ଼ିକୁ ପୋଛି କରି ସଫା କରି ଦେବୁ

ଯାହା ଫଳରେ କାଲି ଯେବେ ସୂର୍ଯ୍ୟୋଦୟ ହେବ
ସେତେବେଳେ ତୋର ସ୍ଲେଟ୍
ସବୁଦିନ ଭଳି
ଧୁଆ ପୋଛା
ସ୍ୱଚ୍ଛ
ଝକମକ ହୋଇ ରହିବ

ଅକାଳରେ ଦୂବ

ଭୟାନକ ଶୁଖା ପଡ଼ିଛି
ପକ୍ଷୀମାନେ ଛାଡ଼ି କରି ଚାଲି ଯାଇଛନ୍ତି
ଗଛଗୁଡ଼ିକୁ
ପିମ୍ପୁଡ଼ିଗାତକୁ ଛାଡ଼ି ଚାଲି ଯାଇଛନ୍ତି
ପିମ୍ପୁଡ଼ିମାନେ
ଜଣା ନାହିଁ ଦଉଡ଼ି ଆଉ ଖଟିଆ
କୁଆଡ଼େ ଚାଲି ଯାଇଛନ୍ତି
ଘରକୁ ଛାଡ଼ି କରି

ଭୟାନକ ଶୁଖା ପଡ଼ିଛି
ପଶୁମାନେ ଠିଆ ହୋଇ ରହିଛନ୍ତି
ଜଣେ ଜଣକର ମୁହଁ ଆଡ଼େ ଚାହିଁ ରହି

ବାପା କହୁଛନ୍ତି
ଏମିତି ଅକାଳ କେବେ ହେଲେ ଦେଖା ଯାଇନି
ଏମିତି ଅକାଳର ବସ୍ତିରେ
ଦୂବ ଜଳିଯାଏ ବୋଲି
ଶୁଣାଯାଏନି କେବେ
ଦୂବ କିନ୍ତୁ ମରେନି-
ସେମାନେ କହନ୍ତି
ଆଉ ଚୁପ୍ ହୋଇ ଯାଆନ୍ତି

ମୁଁ ବାହାରି ପଡୁଛି
ଦୂବ ଖୋଜିବା ପାଇଁ
ପାଣିରେ ଜଙ୍ଗଲରେ ଖୋଜେ
ଉଙ୍କିମାରେ କୂଅ ଭିତରକୁ
ଖୋଜି ବୁଲେ ଗଳି ଓ ଚୌରାସ୍ତା
ଦୂବ ମିଳେନି

ମୁଁ ଖୋଜି କରି ଯାଏ ଖାଁ ଖାଁ କଳସୀ
ବାଲ୍ଟି ଲୋଟା ଘମେଲା
କଳସୀଗୁଡ଼ିକୁ ଉଙ୍କିମାରେ
ଲୋକମାନଙ୍କର ଆଖିର କୋରଡ଼କୁ
ଉଙ୍କିମାରେ
ମିଳେନି
ମିଳେନି ଦୂବ

ଶେଷରେ
ସାରା ବସତିରେ ବୁଲିବାଲି କରି ଖୋଜି ଖୋଜି
ନିରାଶ ହୋଇ ଫେରି ଆସୁଛି
କୂଅ ପାଖରେ ଥିବା ଶୁଖିଲା ନଳାକୁ
ଡେଇଁ କରି ଆସୁଛି
ଯେତେବେଳେ ଅଚାନକ ମୋତେ ଦେଖାଯାଉଛି
ଭଙ୍ଗା କାଚର ଟୁକୁଡ଼ା ଭିତରେ
ଖଣ୍ଡିଏ ସବୁଜ ପତ୍ର
ହଁ-ହଁ ଏହା ଦୂବ-
ମୁଁ ଚିହ୍ନି ପାରୁଛି

ଫେରି ଆସି
ଏହି ଖବର ବାପାଙ୍କୁ ଦେଉଛି
ଅନ୍ଧାରରେ ବି

ଚମକି ଉଠୁଛି ତାଙ୍କ ଚେହେରା
'ହଁ - ଏବେ ବହୁତ କିଛି ଅଛି
ଯଦି ବଞ୍ଚିଛି ଦୂବ...
ବିଳିବିଳେଇ ଉଠୁଛନ୍ତି ସିଏ

ପୁଣି ଗଭୀର ଚିନ୍ତାରେ
ବୁଡ଼ି ଯାଉଛନ୍ତି ବାପା

ଅକାଳରେ ସାରସ

ଦିନ ବେଳର ତିନିଟା ବାଜିଛି
ସେମାନେ ଆସିଗଲେ
ଯେତେବେଳେ ସେମାନେ ଆସିଲେ
କେହି ଭାବି ପାରି ନଥିଲେ ଯେ
ଏମିତି ଭାବରେ ବି ଆସିପାରନ୍ତି ସାରସ

ଗୋଟିଏ ପରେ ଅନ୍ୟ ଗୋଟିଏ
ଦଳ ଦଳ ହୋଇ
ଧୀରେ ଧୀରେ ଆସି
ସେମାନେ ଛାଇଗଲେ ଧୀରେ ଧୀରେ
ସାରା ଆକାଶରେ
ଧୀରେ ଧୀରେ ସେମାନଙ୍କର କ୍ରୋଂକାରରେ
ଭରିଗଲା ସାରା ସହର

ବହୁ ସମୟ ପର୍ଯ୍ୟନ୍ତ ସେମାନେ କରୁଥିଲେ
ସହରର ପରିକ୍ରମା
ବହୁ ସମୟ ଧରି ଛାତରେ ଓ କାର୍ନିଶରେ
ସେମାନଙ୍କ ଡେଣାରୁ ଝଡ଼ି ପଡ଼େ
ଧାନର ଶୁଖିଲା
ପତ୍ରଗୁଡ଼ିକର ଗନ୍ଧ

ଅଚାନକ
ଜଣେ ବୁଢ଼ୀ ସେମାନଙ୍କୁ ଦେଖିଲା
ନିଶ୍ଚିତ ଭାବରେ ସେମାନେ
ପାଣିର ଖୋଜ୍‌ରେ ଆସିଛନ୍ତି
ସିଏ ଭାବିଲା

ସିଏ ରୋଷେଇ ଘରକୁ ଗଲା
ଆଉ ଅଗଣାର ମଝିରେ
ଆଣି କରି ରଖିଲା
ଗୋଟିଏ ଜଳପୂର୍ଣ୍ଣ ପାତ୍ର

କିନ୍ତୁ ସାରସ
ସେମିତି କରିବାକୁ ଲାଗିଲେ
ସହରର ପରିକ୍ରମା
ନା ତ ସେମାନେ ବୁଢ଼ୀକୁ ଦେଖିଲେ
ନା ଜଳପୂର୍ଣ୍ଣ ପାତ୍ରକୁ

ସାରସମାନଙ୍କୁ ଜଣା ନଥିଲା ଯେ
ତଳେ ରହୁଛନ୍ତି ଲୋକମାନେ
ଯେଉଁମାନେ ତାଙ୍କୁ କହୁଛନ୍ତି ସାରସ

ପାଣି ଖୋଜି ଖୋଜି
ଦୂର ଦେଶାନ୍ତରକୁ ସେମାନେ ଆସିଥିଲେ

ପାଣି ଖୋଜି ଖୋଜି
ଦୂର ଦେଶାନ୍ତରକୁ ସେମାନଙ୍କୁ ଯିବାକୁ ଥିଲା

ସୁତରାଂ, ସେମାନେ ବେକକୁ ଉପରକୁ ଉଠାଇଲେ
ପୁଣି ଥରେ ପଛ ଆଡ଼କୁ ଅନେଇଲେ

କିଏ ଜାଣେ କଣ ଥିଲା ସେହି ଦୃଷ୍ଟିରେ
ଦୟା ନା ଘୃଣା
କିନ୍ତୁ ଥରେ ଯାଉ ଯାଉ
ସେମାନେ ସହର ଆଡ଼କୁ ମୋଡ଼ି ହୋଇ
ଦେଖିଲେ ନିଶ୍ଚୟ

ପୁଣି ପବନରେ
ନିଜ ଡେଣାକୁ ପିଟି ପିଟି
ଧୀରେ ଧୀରେ ବହୁ ଦୂରରେ
ଉଡେଇ ଗଲେ ସାରସ

ଓଠ

ପ୍ରତିଦିନ ସକାଳେ
ଓଠକୁ ଦରକାର କୌଣସି ଗୋଟିଏ ନାମ
ଅର୍ଥାତ୍ ଗୋଟିଏ ଖୁବ୍ ଲାଲ ଆଉ ଗାଢ଼ ରଂଗର ମହୁ
ଯାହା କେବଳ ମଣିଷର ଦେହରୁ ଟପକୁ ଥାଏ

କେତେ ଥର
ଦେହଠାରୁ ଅଲଗା
ବଞ୍ଚିବାକୁ ଚାହେଁ ଓଠ
ସେମାନେ ଥର ଥର ଛଟପଟ ହୋଇଉଠିବାକୁ ଚାହାଁନ୍ତି
ଦେହଠାରୁ ଅଲଗା
ପୁଣି ଏହା ଜାଣି କରି ଯେ
ଏହା ସମ୍ଭବ ନୁହେଁ
ସେମାନେ ନିଜର ସାରା ରାଗକୁ ପିଇ ଯାଆନ୍ତି
ଆଉ ନିଜର ଜଗତରେ
ଗୁଣୁଗୁଣୁ କରି ଉଠନ୍ତି

କେତେ ଥର ଗାରଦର ପଛରେ
ଗୋଟିଏ ଆବାଜ
ଗୋଟିଏ କରତଳ
ଅଥବା ଖାଲି ଗୋଟିଏ ଦେହର ପାଇଁ
ଅଧୀର ଓଠ

ଧୀରେ ଧୀରେ
ପଥର ପରି ଶକ୍ତ ହୋଇଯାଏ
ଆଉ ପଥରର ବି ଓଠ ଅଛି
ବାଲିର ମଧ୍ୟ
ପାଉଁଶର ବି
ପୃଥିବୀ ତ ଏହିଠାରୁ ସେହି ସ୍ଥାନ ଯାଏଁ
ଖାଲି ଓଠ ହିଁ ଓଠ

ଯେମିତି ଭାବରେ ହେଉ
ଓଠକୁ ପ୍ରତ୍ୟେକ ସଂଧ୍ୟାରେ ଦରକାର
ଗୋଟିଏ ଜ୍ୱଳନ୍ତ ସତ୍ୟ
ଯାହା ଭିତରେ ହଜାର ହଜାର ମିଥ୍ୟା
ଝକମକ ହୋଇ ଉଠେ

ଓଠକୁ ବହୁତ କିଛି ଦରକାର
ତାକୁ ଦରକାର 'ହଁ' କହିବାର ଲୁଣ
ଆଉ 'ନା' କହିବାର ଲୁହା
ଆଉ କେବେ କେବେ
ଏକା ସାଙ୍ଗରେ ଦୁଇଟାଯାକ

କିନ୍ତୁ ଅସଲରେ
ନିଜର ସବୁ ଭାଷ୍ୟ ଶେଷ ହେବା ପରେ
ଓଠର ଦରକାର
ଖାଲି ଦି'ଟା ଓଠ
ଜଳୁ ଥିବା
ଖୋଲି ଥିବା
କଥା କହୁଥିବା ଓଠ

ହେ ମୋର ଉଦାସ ପୃଥିବୀ

ଘୋଡ଼ାକୁ ଦରକାର ଜାଇ
ମାଳିନୀର ଫୁଲ
ପାନକୌଡ଼ିର ଚମକୁଥିବା ପାଣି
ବିଛାର ବିଷ
ଆଉ ମୋତେ ?

ଗାଈକୁ ଦରକାର ବାଛୁରୀ
ବାଛୁରୀକୁ ଦୁଧ
ଦୁଧକୁ ବାଟି
ବାଟିକୁ ଜହ୍ନ
ଆଉ ମୋତେ ?

ମୁଖାଚ୍ଛାଦନକୁ ଦରକାର ମୁଖ
ମୁଖକୁ ଲୁଚାଇବା ପାଇଁ ଜାଗା
ଆଖିକୁ ଆଖି
ହାତକୁ ହାତ
ଆଉ ମୋତେ ?

ହେ ମୋର ଘୂର୍ଣ୍ଣନ୍ତ ପୃଥିବୀ
ଉଦାସ ପୃଥିବୀ
ମୋତେ କେବଳ ତୁମେ...
ତୁମେ... ତୁମେ...

ରାସ୍ତା

ବଗମାନେ ଉଡ଼ି ଯାଉଥିଲେ
ତଳେ ଚାଲୁଥିଲୁ ଆମେ ତିନିଜଣ
ସହରରୁ ଆସିଥିବା ତିନିଜଣ
କାର୍ତ୍ତିକର ତମ୍ବାରଂଗର ଖରାରେ
ସ୍ନାନ କରିଥିବା ତିନିଜଣ
ଚାଲିବାକୁ ଲାଗିଥିଲୁ ରାସ୍ତାର ପ୍ରାନ୍ତରେ
ବୁଡ଼ି ଯାଇଥିବା ଦିନର ଚଲାବାଟକୁ ଧରି
ଖୁସୀ ଥିବା ତିନିଜଣ
ଅଜବ ଗୋଟିଏ ବିଶ୍ୱାସରେ ଭରା ତିନିଜଣ
ଯେ ଆମେ ଯାଉଛୁ ଠିକ୍ ରାସ୍ତାରେ
ନିଶ୍ଚିତ ଭାବରେ
ଆମେ ପହଞ୍ଚିଯିବୁ
ବଗମାନଙ୍କ ପରି ନିଜର ଠିକ୍ ଗନ୍ତବ୍ୟସ୍ଥାନରେ
ଦିନ ବୁଡ଼ିବା ଆଗରୁ

ଆମେ ଚୁପ୍‌ଚାପ୍ ହୋଇ ଚାଲୁଥିଲୁ
କୌଣସି କଥାରେ ବୁଡ଼ି ରହି
ଚାଲୁଥିଲୁ ଆମେ
ଯେ ଆମର ପାଦ ଈଷତ୍ ଢଳି ଯାଏ
ଆଉ ଆମେ ଦେଖିବାକୁ ପାଉ
ରାସ୍ତା ଶେଷ !

ଏବେ ଆମ ଆଗରେ
ପାଚିଥିବା ଯଅର
ଦୂରଯାଏଁ ପ୍ରସାରିତ
କେବଳ କ୍ଷେତ ହିଁ କ୍ଷେତ
ଆଉ ରାସ୍ତା ନ ଥିଲା

କଣ ହେଲା
କୁଆଡ଼େ ଗଲା ରାସ୍ତା ?
ଆମେ ତିନିଜଣ ଭାବୁଥିଲୁ
ଠିଆ ହୋଇଥିଲୁ
ହଇରାଣ ହୋଇ
ଯେବେ ଆମକୁ ଦୂରରୁ ଦେଖାଗଲା
ବୁଡ଼ି ଯାଉଥିବା ସୂର୍ଯ୍ୟର ଆଖପାଖରେ
ଜଣେ ବୁଢ଼ା ଚାଷୀ
ଆମେ ତା ପାଖକୁ ଗଲୁ
ପଚାରିଲୁ– 'ଭାଇ, ରାସ୍ତାଟା କେଉଁଠି ?

ବୁଢ଼ା କିଛି କହିଲାନି
ବହୁ ସମୟ ଯାଏଁ ଆମକୁ ଏମିତି ଦେଖୁଥିଲା
ତାପରେ ସିଏ ତଳୁ ଗୋଟିଏ ଢେଲା ଉଠାଇଲା
ଆଉ ସିଆଡ଼କୁ ଫିଙ୍ଗିଲା
ଯେଉଁଠି ତଳକୁ ମୁଣ୍ଡ ପୋତି ଚରୁଥିଲା
ଗୋଟିଏ କଳା ଗାଈ

ଏବେ ଗାଈଟି ଚାଲିବା ଆରମ୍ଭ କଲା
ପତ୍ରଗୁଡ଼ିକର ବାଜିବାର ଶବ୍ଦ ଶୁଣାଗଲା
ଆଉ ଆମେ ଦେଖିଲୁ
ଯେଉଁ ଆଡ଼େ ଯଅର ଝୁଲି ରହିଥିବା ବୃନ୍ତଗୁଡ଼ିକ
ଗାଈଟି ସିଆଡ଼କୁ ଚାଲି ଯାଉଛି

ସିଆଡ଼େ ରାସ୍ତା ଥିଲା
ସେଠି ଘାସ ଭିତରେ
ଧସି ଯାଇଥିବା ଖୁର ପରି
ଚମକୁ ଥିଲା ରାସ୍ତା

ଏବେ ଦୃଶ୍ୟ ଥିଲା ଖୁବ୍ ପରିଷ୍କାର
ଏବେ ଆମ ଆଗରେ
ଗାଈ ଥିଲା
ଚାଷୀ ଥିଲା
ରାସ୍ତା ଥିଲା
କେବଳ ଆମେ ଭୁଲି ଯାଇଥିଲୁ
କୁଆଡ଼େ ଯିବାକୁ ହେବ !

ବଗପକ୍ଷୀମାନେ
ଆମଠୁ ଦୂରକୁ
ବହୁତ ଦୂରକୁ ଚାଲି ଯାଇଥିଲେ

ସଡ଼କ ଉପରେ ଦେଖା ହେଲେ କବି ତ୍ରିଲୋଚନ

ସକାଳୁ – ସକାଳୁ
ଗୋଟିଏ ପିଲା କାନ୍ଦୁଥିଲା
ତା ହାତରୁ ଖସି ପଡ଼ି
ଅଚାନକ ଭାଙ୍ଗି ଯାଇଥିଲା
ତା'ର ମାଟିର ବାଘ
ଗୋଟିଏ ଛୋଟ ଧରଣର ସୁନ୍ଦର ବାଘ
ଯିଏ ତାରାମାନଙ୍କ ସହିତ ଲଢ଼ିଥିଲା
ଲଢ଼ିଥିଲା ଚନ୍ଦ୍ର ଓ ସୂର୍ଯ୍ୟର ସହିତ
ଆଉ ସାମୁଦ୍ରିକ ଡାକୁମାନଙ୍କ ସାଙ୍ଗରେ
ଠିକ୍ ତା ଆଖି ଆଗରେ
ତା ହାତରୁ ଖସି ପଡ଼ିଲା
ଆଉ ଖଣ୍ଡ ଖଣ୍ଡ ହୋଇ ଭାଙ୍ଗିଗଲା

ଆଉ ଏବେ ସିଏ କାନ୍ଦୁଥିଲା
କାହିଁକି ନା ଏବେ ସିଏ ହଇରାଣ ଥିଲା ଯେ
ଦୁନିଆର ସବୁଠୁ ଶକ୍ତିଶାଳୀ ଜିନିଷଟା ହିଁ
କେତେ ସହଜରେ ପଡ଼ିଗଲା
ଆଉ ଭାଙ୍ଗିଗଲା

ସୁନେଲି ଖରାରେ
ତା'ର ଲୁହଭରା ଆଖିଗୁଡ଼ିକ
ଏବେ ଠିକ୍ ରହିଥିଲା
ନିଜର ଖସି ପଡ଼ିଥିବା ବାଘ ଉପରେ
ଯେବେ ଅଚାନକ ତାକୁ ଲାଗିଲା
ଯେ ବାଘ ଟିକିଏ ହଲିଲା

ନିଜର ଟୁକୁଡ଼ାଗୁଡ଼ିକ ଭିତରୁ
ଟଳମଳ ହୋଇ ଉଠିଲା
ଆଉ ଦେଖୁ ଦେଖୁ
ଝରକା ବାଟ ଦେଇ ଡେଇଁ ପଡ଼ି
ବାହାରକୁ ଚାଲିଗଲା
ଆଉ ଏବେ ସିଏ କାନ୍ଦୁଥିଲା
କଣ କରାଯିବ
ମୁଁ ଭାବୁଥିଲି
ଯେ ମୋ ସହିତ ସଡ଼କ ଉପରେ ଦେଖା ହେଲେ
କବି ତ୍ରିଲୋଚନ

ମୁଁ କହିଲି- 'ଶାସ୍ତ୍ରୀଜୀ
ପିଲାଟି କାନ୍ଦୁଛି
କିଛି ତ କରିବାକୁ ହେବ'

କହିଲେ- 'ଚାଲ, ନେଇ ଆସିବା
ଅନ୍ୟ ଗୋଟିଏ ବାଘ'
ମୁଁ କହିଲି- 'ନା, ସିଏ ଜିଦ୍ ଧରି ବସିଛି
ତାକୁ ସେହି ବାଘଟା ହିଁ ଦରକାର
ଆଉ କେବଳ ସେହି ବାଘ
ଯାହା ଭାଙ୍ଗିବା ଆଗରୁ ସିଏ ଥିଲା'

ସିଏ ହଲିଗଲେ
ପୁଣି ତାଙ୍କ ଆଖିରେ ଆସିଗଲା
ଏକ ଅଦ୍ଭୁତ ଚମକ
କହିଲେ- 'ଚାଲ, ସେଇଟା ହିଁ ଆଣିବା'

ମୁଁ ପଚାରିଲି - 'ସେଇଟା !
ସେଇଟା କେଉଁଠି ମିଳିବ ?'

'ମିଳିବ' - ସିଏ କହିଲେ-
କେଉଁଠି ନା କେଉଁଠି
କୌଣସି କୁମ୍ଭାରର ଆଖିରେ
ତାହା ଥିବ ନିଶ୍ଚୟ
ଠିକ୍ ସେମିତି'

ମୁଁ ସଂଶୟ ପ୍ରକାଶ କଲିନି
ତାଙ୍କ ସହିତ ଚାଲିଲି

ସେବେଠୁ କେତେ ସମୟ ବିତି ଗଲାଣି
ଆମେ ଏବେ ବି ଚାଲିଛୁ
ଆଗେ ଆଗେ କବି ତ୍ରିଲୋଚନ
ପଛେ ପଛେ ମୁଁ
ଏମିତି ଗୋଟିଏ ବାଘର ଖୋଜ୍‌ରେ
ଯାହା ଗୋଟିଏ ସକାଳେ
ଭୂଇଁ ଉପରେ ପଡ଼ି ଭାଙ୍ଗିଯିବା ଆଗରୁ
ସିଏ ଯେମିତି ଥିଲା

ଆଁକୁସପୁର

ଆଁକୁସପୁର
ରୋକିଲାନି ଟ୍ରେନ
ସବୁବେଳ ପରି ଘଡ଼ଘଡ଼ ଶବ୍ଦରେ ଆସିଲା
ଆଉ ଚାଲିଗଲା ଛାଡ଼ିକରି ଆଁକୁସପୁର

କେବଳ ଦଶଟା ବେଳର ଗାଡ଼ି ଏଠି ରୋକେ
କହିଲା ଜଣେ ଯାତ୍ରୀ
ଅନ୍ୟ ଜଣେ ଯାତ୍ରୀକୁ

କାହିଁକି ?
ଆରେ ବାବା କାହିଁକି ?
ତାହେଲେ ପୃଥିବୀ ଉପରେ କାହିଁକି ଅଛି ଆଁକୁସପୁର-
ଯେବେ ଆଉ ରହି ହେଲାନି
ସେତେବେଳେ ତାର ଉପରେ ବସିଥିବା ଚଢ଼େଇ ପଚାରିଲା
ଅନ୍ୟ ଚଢ଼େଇଟିକୁ

ଭରିଯିବ ବହୁତ କିଛି

ଲାଗୁଛି
ଏଥର ଆସିବେନି

ସମୟର ଆଗରୁ
ତମ୍ବା ରଂଗର ପତ୍ରରେ ଲଦି ହୋଇ ଯାଇଛି
ସଂପୂର୍ଣ୍ଣ ଭାବରେ
ସେହି ଆମ୍ବ ଗଛ

ଏହା ବଉଳର ନ ଆସିବାର ସଂକେତ
ମୁଁ ସିଆଡ଼କୁ ଦେଖୁଛି
ଆଉ ହୋଇ ଯାଉଛି ବ୍ୟତିବ୍ୟସ୍ତ
କାହିଁକି ନା ଜାଣିଛି
ବଉଳ ଯଦି ଆସି ବି ଯାଏ
ତାହେଲେ କିଛି ବି ବଦଳିବନି

ମୋ ସହର
ଏମିତି ଭାବରେ ଘୋସାଡ଼ି ହେଉଥିବ
ଗୋଟିଏ ଚାଲି ଯାଉଥିବା ବସ୍‌ର ପଛେ ପଛେ

ମୋ ସଡ଼କର ଧାରରେ
ଏମିତି ଭାବରେ ଫୁଙ୍କୁ ଥିବେ

ଭଙ୍ଗାରୁଜା ଇଟାକୁ ଯୋଡ଼ି କରି
ତିଆରି କରାଯାଇଥିବା ଚୁଲିକୁ
ବଉଳ ଯଦି ଆସି ବି ଯାଏ

କିନ୍ତୁ ସେତେବେଳେ
ହୁଏତ ଭରିଯିବ ବହୁତ କିଛି
ପଲମଗୁଡ଼ିକ ଭରିବନି
ବାଟି ଭରିବନି
କିନ୍ତୁ ତଥାପି
ଭରିଯିବ
ଭରିଯିବ ବହୁତ କିଛି
ବଉଳ ଯଦି ଆସି ବି ଯାଏ...

ଗୋଟିଏ ଲମ୍ବା ବ୍ୟବଧାନ ପରେ ଗଙ୍ଗାକୁ ଦେଖିକରି

ମୁଁ ଗଙ୍ଗାକୁ ଦେଖିଲି
ଗୋଟିଏ ଲମ୍ବା ଯାତ୍ରା ପରେ
ଯେବେ ମୋ ଆଖି ଦୁଇଟା
କିଛି ବି ଦେଖିବା ପାଇଁ ବ୍ୟସ୍ତ ହେଉଥିଲା
ଯେବେ ମୋ ପାଖରେ କିଛି କାମ ନ ଥିଲା
ମୁଁ ଗଙ୍ଗାକୁ ଦେଖିଲି
ପ୍ରଚଣ୍ଡ ଗରମ ପବନର ଚାପୁଡ଼ା ଖାଇବା ପରେ
ଯେବେ ଗୋଟିଏ ସଂଧ୍ୟାବେଳେ
ମୋତେ ସାହସ ଆଉ ସତେଜତାର
ବହୁତ ଆବଶ୍ୟକ ଥିଲା
ମୁଁ ଗଙ୍ଗାକୁ ଦେଖିଲି ଗୋଟିଏ ରୋହି ମାଛର
ଛଳ ଛଳ ଆଖି ଭିତରେ
ଯେଉଁଠି ଥିଲା ବଞ୍ଚିବାର ଅପାର ତାରଲ୍ୟ
ଯେଉଁଠି ଜଣେ ବୁଢ଼ା କେଉଟ ବାଲି ଉପରେ ଠିଆ ହୋଇଥିଲା
ଘରକୁ ଫେରିବା ପାଇଁ ପ୍ରସ୍ତୁତ
ମୁଁ ଗଙ୍ଗାକୁ ଦେଖିଲି

ଆଉ ମୁଁ ଦେଖିଲି
ବୁଢ଼ା କେମିତି ଖୁସୀ ହେଉଥିଲା

ବର୍ଷର ସେହି ସବୁଠୁ ଉଦାସ ଦିନଗୁଡ଼ିକରେ ବି
ମୁଁ ଅବାକ ହୋଇଗଲି ଏହା ଦେଖିକରି ଯେ
ଗଙ୍ଗାର ପାଣିରେ କେତେ ଲମ୍ବା
ଆଉ ଚମକ ଦେଖା ଯାଉଥିଲା
ଜଣେ ବୁଢ଼ା ଲୋକର ଖୁସୀ ହେଉଥିବାର ଛାଇ

ଏବେ ବୁଢ଼ା ଟିକିଏ ହଲିଲା
ସିଏ ତା'ର ଜାଲ ଉଠାଇଲା
କାନ୍ଧ ଉପରେ ରଖିଲା
ଚାଲିବା ଆଗରୁ ପୁଣି ଥରେ
ଗଙ୍ଗା ଆଡ଼କୁ ଦେଖିଲା
ଆଉ ହସିଲା
ଏହା ଥିଲା ଥକି ଯାଇଥିବା ଜଣେ ବୁଢ଼ା କେଉଟର ହସ
ଯେଉଁଥିରେ କୌଣସି ପଶ୍ଚାତାପ ନ ଥିଲା
ଯଦିବା ଥିଲା ତାହା ପ୍ରକୃତ
ଆଉ ଗଭୀର କୃତଜ୍ଞତା
ବହି ଯାଉଥିବା ଚଞ୍ଚଳ ଜଳ ପ୍ରତି
ସତେ ଯେମିତି ତା ଆଖି ଦୁଇଟି କହୁଛି-
'ଏବେ ତ ସଂଧ୍ୟା ହେଲାଣି
ଆଚ୍ଛା ଭାଇ ପାଣି
ତାହେଲେ ମୁଁ ଆସୁଛି !

ବାଲିର ସ୍ପର୍ଶ

ବହୁତ ବର୍ଷ ପରେ
ଆଜି ଗଙ୍ଗାରେ ଗାଧୋଇଲି
ଅନେକ ବେଳଯାଏଁ

ବହୁତ ବୁଡ଼ିଲି ଉଠିଲି
ଗୋଟିଏ ପକ୍ଷୀ ପରି
ବୁଡ଼ି ବୁଡ଼ି ପାଣି ପିଇଲି
ମୋ ଆତ୍ମା ଅନେକ କ୍ଷଣ ଧରି
ଗଭୀର ଜଳ ସହିତ କଥାବାର୍ତ୍ତା ହେଲା
ଦେହକୁ ଭଲ ଲାଗିଲା ଜଳ
ବହୁତ ବହୁତ ଭଲ ଲାଗିଲା
ଥଣ୍ଡା ଥଣ୍ଡା ଜଳ
ଯାହା ମାଛର ଗନ୍ଧ ସହିତ ମିଶି କରି
ଆହୁରି ଅଧିକ ପବିତ୍ର ହୋଇଯାଇଥିଲା

ଜଳରୁ ବାହାରି ଆସି
ବସି ରହିଲି ବାଲି ଉପରେ
ଓଦା ଦେହକୁ
ବାଲିର ଗରମ ଗରମ
ଗାମୁଛାରେ ପୋଛିଲି
ଭଲ ଲାଗିଲା ବାଲି

ବାଲିର ସ୍ପର୍ଶ
ବହୁତ ବହୁତ ଭଲ ଲାଗିଲା।

ଭାବୁଥିଲି ଅନେକ ବେଳ ଯାଏଁ
ଛୋଟ ଛୋଟ କୋଣଗୁଡ଼ିକୁ ପାରି ହେବା
ଆଉ ଛଟପଟ ହେବା ଛଡ଼ା
କଣ ଅଛି
କଣ ଅଛି ବାଲିରେ
ଯାହା ମଣିଷକୁ କରି ଦିଏ
ଏତେ ବିଭୋର !

ପର୍ବସ୍ନାନ

ବାଲି ଉପରେ
ଗୋଟିଏ ଶବ ରଖା ଯାଇଥିଲା
ଗୋଟିଏ ପାଚିଲା ଖରଭୁଜର ସୁଗନ୍ଧ
ଖେଳି ଯାଉଥିଲା ବାଲି ଉପରେ

ଦିନ ସୁନ୍ଦର ଥିଲା
କିନ୍ତୁ ତାଠୁ ବି ସୁନ୍ଦର ଥିଲା
ଗଙ୍ଗାର ଦୂରଯାଏଁ ପସରି ଥିବା ବାଲିଚର
ଯେଉଁଠି ଜଳ ଆଉ ବାଲିର
ଗୋଟିଏ ବୃନ୍ଦଗୀତ
ପବନରେ ବାଜୁଥିଲା

ଦୋକାନ ବଜାର ଲାଗିଥିଲା
ଆଉ ଋତୁର ପ୍ରଥମ ସ୍ନାନ
ଚାଲିଥିଲା
ଗୋଟିଏ ଲାଲ କ୍ରୌଞ୍ଚ
ଚଞ୍ଚୁ ଦେଇ ଖୁମ୍ପୁ ଥିଲା
ନିଜର ଧୂସର ବେକକୁ
ଜଣେ କାଳୀ ସ୍ତ୍ରୀଲୋକ
ଅର୍ଘ୍ୟ ଦେଲା ପରେ ନିଜ ବାଳ ଶୁଖାଉ ଥିଲା
କୌଣସି ଏକ ଦାଢ଼ିଆ ଲୋକ

ଅନବରତ ମନ୍ତ୍ର ପଢ଼ି ଚାଲିଥିଲା ଜଳ ଭିତରେ ରହି କରି
ଜଣେ ଅନ୍ଧାର ଚାଦର ଉପରେ
ଲୋକମାନେ ଫିଙ୍ଗୁ ଥିଲେ
ତିଳ, ଗୁଡ଼ ଆଉ ଲିଆ
ଉପରେ ଉଡ଼ିବୁଲୁଥିଲେ କାଉ ଗୁଡ଼ିକ
ଆଉ ତଳେ-
ଜଳରେ କମ୍ପମାନ ଅବସ୍ଥାରେ ରହି କରି
ଅମରତା ପାଇଁ ଭିଡ଼ ଲାଗିଥିଲା
ଶବଟି ମିଟି-ମିଟି କରି ଦେଖୁଥିଲା
ଜୀବନର
ଅଦ୍ଭୁତ ଗୋଟିଏ ଉତ୍ସବ
ପାଳିତ ହେଉଥିଲା
ବାଲି ଉପରେ

ଏକଜିଦିଆ ଶ୍ୱାସ

ପୃଥିବୀର ଦେହ ପୋଡ଼ି ଯାଉଥିଲା ଜରରେ
ଆଉ ଏହି ମହାନ ପୃଥିବୀର
ଛୋଟ ଗୋଟିଏ ମୁଣ୍ଡ ଉପରେ
ଗୋଟିଏ ଛୋଟ କୋଠରୀରେ
ଲେଟି କରି ରହିଥିଲା ସିଏ
ଆଉ ତାର ଶ୍ୱାସ
ଏବେ ବି ଚାଲିଥିଲା

ଆଉ ଶ୍ୱାସ ଯେତେବେଳ ଯାଏଁ ଚାଲିଥାଏ
ମିଛ
ସତ
ପୃଥ୍ୱୀ
ତାରା-ସବୁ ଚାଲିଥାନ୍ତି

ଡାକ୍ତର ଚାଲିଯାଇଥିଲେ
ଆଉ ଯଦିଓ ସିଏ ଚାଲିଯାଇଥିଲେ
ତଥାପି ଏବେ ସମସ୍ତଙ୍କର ଆଶା ଥିଲା
ଯେ କେଉଁଠି କିଛି ଅଛି
ଯାହା ନଷ୍ଟ ହେବାରୁ ବଞ୍ଚି ଯାଇଛି
ଯାହା ବଞ୍ଚି ରହିଯାଏ
ଲୋକେ ତାକୁ କହନ୍ତି ଜୀବନ

କେତେଥର ତାକୁ
ଉଇ
ଘାସ
ଅଥବା ପଥର ବି କହି ଦିଅନ୍ତି ଲୋକମାନେ
ଲୋକମାନେ ଯିଏ ବି କହନ୍ତି
ସେଥିରେ କିଛି ନା କିଛି ଜୀବନ
ସବୁବେଳେ ଥାଏ

ତା ହେଲେ ଏହା ଥିଲା ସେହି ଜିନିଷ
ଅର୍ଥାତ୍ ଜୀବନ
ଯାହାକୁ ଛଟପଟ ହେଉଥିବା ଅବସ୍ଥାରେ ଛାଡ଼ି ଦେଇ
ଚାଲି ଯାଇଥିଲେ ଡାକ୍ତର
ଆଉ ସିଏ ଏବେ ବି ଥିଲା
ଆଉ ଶ୍ୱାସ ନେଉଥିଲା ସେମିତି ଭାବରେ

ତାର ପ୍ରତ୍ୟେକଟି ଶ୍ୱାସ
ହାତୁଡ଼ି ପରି ଖସି ପଡୁଥିଲା
ସମଗ୍ର ଶୂନ୍ୟତା ଉପରେ
ଠକ୍ ଠକ୍ କରି ବାଜୁଥିଲା ଶୂନ୍ୟତା
ଯାହା ଫଳରେ ହଲି ଉଠୁଥିଲା ପ୍ରଦୀପଶିଖା
ଯାହା ରଖାଯାଇଥିଲା ତା ମୁଣ୍ଡ ପାଖରେ

କେହି ଜଣେ ତା ଦେହକୁ ଛୁଇଁଲା
କହିଲା– 'ଏବେ ଗରମ ଅଛି'
କିନ୍ତୁ ଅସଲରେ ଦେହ ନା ପ୍ରଦୀପ
କେଉଁଠୁ ଆସିଲା ଜୀବନର ଆଞ୍ଚ
ତାହା ପରଖିବାର କୌଣସି ଉପାୟ ନଥିଲା
କାହିଁକି ନା ଡାକ୍ତର ଚାଲି ଯାଇଥିଲେ
ଆଉ ଏବେ ଖାଲି ଖଟିଆ ଉପରେ

ଥିଲା କେବଳ ଗୋଟିଏ ଦୀର୍ଘ
ଆଉ ଏକେଲା ଶ୍ୱାସ
ଯାହା ଉଠୁଥିଲା
ପଡୁଥିଲା
ପଡୁଥିଲା
ଉଠୁଥିଲା...

ଏମିତି ଭାବରେ ଏକଜିଦିଆ ଶ୍ୱାସକୁ
ମୁଁ ପ୍ରଥମ ଥର ଦେଖିଲି
ମୃତ୍ୟୁ ସାଙ୍ଗରେ ଖେଳୁ ଥିବାର
ଆଉ ପଂଝା ଲଢ଼େଇ କରି
ତୁଚ୍ଛ
ଅସହାୟ
ଗରିମାମୟ ଶ୍ୱାସକୁ
ମୁଁ ପ୍ରଥମ କରି ଦେଖିଲି
ଏତେ ପାଖରୁ

ନ ଥିବାର ଗନ୍ଧ

ଏବେ କିଛି ନଥିଲା
କେବଳ ଆମେ ଫେରୁଥିଲୁ
ଏତେ ସବୁ ଲୋକମାନେ ମୁଣ୍ଡକୁ ନୁଆଁଇ କରି
ଚୁପ୍‌ଚାପ୍ ଫେରୁଥିଲେ
ତାକୁ ନଦୀକୁ ସଂପି ଦେଇ
ଆଉ ନଦୀ ଅନ୍ଧାରରେ ବି
ଲାଗୁଥିଲା ପୂର୍ବ ଅପେକ୍ଷା ଅଧିକ ଉଦାର ଓ ଅନନ୍ତ
ତା ପାଇଁ ବହିଯିବା ସେତିକି ସରଳ ଥିଲା
ଯେତେ ଶ୍ୟାମଳା ଆଉ କାତର ଥିଲା ତାର ପାଣି

ଆଉ ଏବେ ଆମେ ଫେରୁଥିଲୁ
କାହିଁକି ନା ଏବେ ଆମେ ଖାଲି ଥିଲୁ
ସବୁଠୁ ଅଧିକ ଖାଲି ଥିଲା ଆମ କାନ୍ଧଗୁଡ଼ିକ
କାହିଁକି ନା ଏବେ ଆମେ ନଦୀର
ଋଣ ପରିଶୋଧ କରି ସାରିଥିଲୁ
କେଜାଣି କାହା ହାତରେ ଗୋଟିଏ ଲଣ୍ଠନ ଥିଲା
ଧୂମିଳ ଅବସ୍ଥାରେ
ଯିଏ ଚାଲୁଥିଲା ଆଗେ ଆଗେ
ଏମିତି ଭାବରେ ଆମକୁ ଦେଖା ଗଲା ବସ୍ତି
ଏମିତି ଭାବରେ ଆମେ ପହଞ୍ଚିଲୁ ବସ୍ତିରେ

ଆମେ ଆସିବା ପରେ ଭୁକିଲାନି
ଗୋଟିଏ ବି କୁକୁର
କାହିଁକି ନା କୁକୁରମାନଙ୍କୁ ସବୁ ଜଣାଥିଲା
ସେହି ଘରଟାର କବାଟ
ଏବେ ବି ଖୋଲା ଥିଲା
କିଛି ବି ନ ଥିଲା ଖାଲି ନିୟମ ପରି
ଚୌକାଠ ପାଖରେ ଧିମା ଧିମା ହୋଇ ଜଳୁଥିଲା
ଅଳ୍ପ ନିଆଁ

ଆଉ ସେଠାରୁ କିଛି ଦୂରରେ
ରଖାଯାଇଥିଲା ଲୁହା
ଆମେ ଜଣେ ଜଣେ କରି
ନିଆଁ ପାଖକୁ ଗଲୁ ଆଉ ଲୁହା ପାଖକୁ
ଆମେ ଜଣେ ଜଣେ କରି ଝୁଙ୍କି ପଡ଼ି
ଦୁହିଁଙ୍କୁ ଛୁଇଁଲୁ

ଏମିତି ଭାବରେ ଆମେ ହୋଇଗଲୁ 'ଶୁଦ୍ଧ'
ଏମିତି ଭାବରେ ଆମେ ଫେରି ଆସିଲୁ
ଜୀବିତମାନଙ୍କର ଦୀର୍ଘ ଉଦାସ ସମାବେଶରେ

କିଛି ନ ଥିଲା
କେବଳ କଞ୍ଚା କାନ୍ଥ
ଆଉ ଓଦା ଖପର ଛାତରୁ
କୌଣସି ଜଣକର ନଥିବାର
ଗନ୍ଧ ଆସୁଥିଲା

ଲୋକକଥା

ଯେବେ ରାଜା ମଲେ
ସୁନାର ଗୋଟିଏ ବହୁତ ବଡ଼ କୋକେଇ ତିଆରି କରାଗଲା
ଯାହା ଉପରେ ରଖାଗଲା ତାଙ୍କର ଶବ
ଆଶ୍ଚର୍ଯ୍ୟଜନକ ଶବ ଯାହାକୁ ଦେଖିକରି
କେହି କହି ପାରିବନି
ଯେ ସିଏ ରଜା ନୁହଁନ୍ତି

ସବୁଠୁ ପ୍ରଥମେ ମନ୍ତ୍ରୀ ଆସିଲେ
ଆଉ ଶବ ଆଗରେ
ଝୁଙ୍କି କରି ଠିଆ ହୋଇଗଲେ
ପୁଣି ପୁରୋହିତ ଆସିଲେ
କେଜାଣି କାହିଁକି
କିଛିକ୍ଷଣ ଧରି ଭଡ଼ଭଡ଼ ହେଉଥିଲେ
ପୁଣି ହାତୀ ଆସିଲା
ଆଉ ସିଏ ଶୁଣ୍ଢ ଉଠାଇ କରି
ଶବ ପ୍ରତି ସମ୍ମାନ ପ୍ରକଟ କଲା
ପୁଣି ଆସିଲେ ନେଳିଆ ହଳଦିଆ ଘୋଡ଼ାମାନେ
ଆଖ ପାଖର ପରିବେଶର ଗାମ୍ଭୀର୍ଯ୍ୟକୁ ଦେଖିକରି
ସେମାନେ ଠିକ୍ ଜାଣି ପାରୁ ନଥିଲେ
ସେମାନଙ୍କର ହିନ୍‌ହିନା ଶବ୍ଦ କରିବା ଉଚିତ୍ କି ନୁହେଁ

ପୁଣି ଧୀରେ ଧୀରେ
ବଢ଼େଇ
ଧୋବା
ଭଣ୍ଡାରୀ
କୁମ୍ଭାର- ସମସ୍ତେ ଆସିଲେ
ଆଉ ସମସ୍ତେ ଠିଆ ହୋଇଗଲେ
ବିଶାଳ ଚକମକ ହେଉଥିବା କୋକେଇକୁ ଘେରିକରି

କୋକେଇର ଆଖପାଖରେ
ଥିଲା ଗୋଟିଏ ଅଜବ ଧରଣର ଦୁଃଖ
ଯେଉଁଥିରେ ସମସ୍ତେ ଦୁଃଖୀ ଥିଲେ
ମନ୍ତ୍ରୀ ଦୁଃଖୀ ଥିଲେ
କାହିଁକି ନା ହାତୀ ଦୁଃଖୀ ଥିଲା
ହାତୀ ଦୁଃଖୀ ଥିଲା
କାହିଁକି ନା ଘୋଡ଼ାମାନେ ଦୁଃଖୀ ଥିଲେ
ଘୋଡ଼ାମାନେ ଦୁଃଖୀ ଥିଲେ
କାହିଁକି ନା ଘାସ ଦୁଃଖୀ ଥିଲା
ଘାସ ଦୁଃଖୀ ଥିଲା
କାହିଁକି ନା ବଢ଼େଇ ଦୁଃଖୀ ଥିଲା...

ମିଶିଯାଇ ଗଳିତ ହୋଇ

ମଇଁଷୀର ପିଠି ଉପରେ
ଟକ୍ ଟପ୍ ହୋଇ ପଡୁଥିବା
ପାଣିର ବୁନ୍ଦାକୁ ଦେଖୁଛି
କିନ୍ତୁ ମଇଁଷୀ ସନ୍ତୁଷ୍ଟ ହୋଇ ପାଣି ଭିତରେ ଠିଆ ହୋଇଛି
ତା ସ୍ତନ ଦୁଧରେ ଭାରୀ
ପୃଥିବୀର ଗୁରୁତ୍ୱାକର୍ଷଣ
ପୂରା ଶକ୍ତିର ସହିତ
ସ୍ତନଟାକୁ ଟାଣୁଛି ନିଜ ଆଡ଼େ
ବୁଢ଼ାମାନେ ଦୋଳିରେ ବସି
ହୁକ୍କା ପିଉଛନ୍ତି- ବର୍ଷା ଆଡ଼େ ଦେଖି କରି
ହୁକ୍କାର ଧୂଆଁକୁ
ବାହାରକୁ କାଢୁଛନ୍ତି
ଆଉ ବର୍ଷା ସହିତ ହାତ ମିଳାଉ ଥିବାର
ମୁଁ ଦେଖୁଛି

ସହସା ବୃଷ୍ଟିର ଛଟା ମଧ୍ୟରେ
ଦେଖାଗଲା ଜଣେ ମହିଳା
କୁଆପଥର ଏକାଠି କରିବାର
କେଉଁଠୁ ଯେମିତି ଆସୁଛି
କୁଆପଥରକୁ ଛାଣିକରି
ଫୁଲର ସୁଗନ୍ଧ

କିନ୍ତୁ ଫୁଲର ଗନ୍ଧଠାରୁ କୁଆପଥରର ଗନ୍ଧ
ଅଧିକ ଭାରୀ
ଅଧିକ ଉଦାର

ମହିଳାଟିକୁ
ବର୍ଷା ଭିତରେ
ଧୀରେ ଧୀରେ ମିଶିଯାଉଥିବାର
ଗଳିତ ହେବାର ଦେଖୁଛି ।

ଗୋଟିଏ କବିତା-ନିରାଲାଙ୍କୁ ମନେ ପକେଇ

ଯେଉଁ ଦିଗୁଁ ଉଠିଆସେ ହାହାକର
ସେହି ଦିଗରେ ତ ଅଛି ମୋର ଘର

ମୁଁ ତ ଖୁସୀ- ଆସେ ରହି-ରହି କରି
ଜୀଇଁବା ସୁଗନ୍ଧ ବହି-ବହି କରି

ସେହି ଆଡ଼େ କିଛି ଭୋକିଲା ଯେସନ
ରୋକି-ରୋକି ମୁହିଁ କରଇ ଚିନ୍ତନ

ଫୁଟେ ନାହିଁ ଗୁଳି ନାହିଁ ବି ବିଧା ତ
ଅଜବ ଲଢ଼େଇ ଏହା ମୋହର ତ

ପ୍ରତିଦିନ ସୀମାରେଖା ଦର୍ଜ ଘର
ଗୋଟିଏ ପ୍ରଶ୍ନର ଶହେଟି ଉତ୍ତର

ପ୍ରତିଦିନ ଦେହେ କେଉଁଠି ସିଲେଇ
ସିଲେଇ ଛିଣ୍ଡଇ କାହିଁ ପ୍ରତିଦିନ
'ଦୁଃଖ ଲଭିଥାଏ ଏବେ ତ ଜୀବନ'

ନୂଆ ସହରରେ ବରଗଛ

ଯେମିତି ମୋତେ ଅନେକ ବର୍ଷରୁ ଜାଣେ
ଦେଖ, ସେହି ଦାଢ଼ିବାଲା ଗଧ ପରି ବରଗଛକୁ ଦେଖ
ମୋତେ ଦେଖ
କେମିତି ଲମ୍ଫ ଦେଇ ଚାଲି ଆସୁଛି
ମୋ ଆଡ଼କୁ

କିନ୍ତୁ ଅନୁଶୋଚନାର କଥା ଏହା ଯେ
ଚା ପିଆଇବା ପାଇଁ
ମୁଁ ତାକୁ ଘରକୁ ନେଇଯାଇ ପାରିବିନି

ପୁଂଜି

ସାରା ସହରର ଏମୁଣ୍ଡରୁ ସେମୁଣ୍ଡ ଯାଏଁ ଦେଖିବାପରେ
ମୁଁ ଏହି ସିଦ୍ଧାନ୍ତରେ ପହଞ୍ଚିଲି ଯେ
ଏହି ଏତେ ବଡ଼ ସହରରେ
ମୋର ସବୁଠୁ ବଡ଼ ପୁଂଜି ହେଲା
ମୋର ଚଳମାନ ବିଶ୍ୱାସ
ମୋ ଛୋଟ ପୁଞ୍ଜି
ମୋ ଛାତି ଭିତରେ ବନ୍ଦ ହୋଇ ରହିଛି
ଯେଉଁଥିରୁ ପ୍ରତିଦିନ ମୁଁ ଅଳ୍ପ-ଅଳ୍ପ କରି
ଖର୍ଚ୍ଚ କରୁଛି

କାହିଁକି ଏମିତି ନ ହେବ
ଯେ ଦିନେ ଉଠିବି
ଆଉ ସେହି ଯେଉଁ ଧୂସର-ଧୂସର ରଂଗର ଗୋଟିଏ ଜନବ୍ୟାଙ୍କ
ଅଛି-
ଏହି ସହରର ଶେଷ ପ୍ରାନ୍ତରେ-
ସେଠି ଜମା କରି ଦେବି

ଭାବୁଛି
ସେଠୁ ଯେଉଁ ସୁଧ ମିଳିବ
ତାକୁ ନେଇ ଆଦର ସହିତ ଜୀଇଁ ରହିବି
କେତେଟା ଜୀବନ

ରକ୍ତରେ ଫୁଟିଥିବା କମଳ

ମୋ ହାଡ଼ଗୁଡ଼ିକ
ମୋ ଦେହରେ ଲୁଚିକରି ରହିଥିବା ବିଜୁଳି
ମୋ ଦେହ
ମୋ ରକ୍ତରେ ଫୁଟିଥିବା କମଳ

ଆପଣ କଣ ଏହା ବିଶ୍ୱାସ କରିବେ
ଯେ ଦିନେ ଅଚାନକ
ମୋତେ ଜଣା ପଡ଼ିଲା
ଯେତେବେଳେ ମୁଁ ତୁଳସୀଦାସଙ୍କୁ ପଢୁଥିଲି

ପୁଣି ବାଜିଲା ଘଣ୍ଟି

ପୁଣି ବାଜିଲା ଘଣ୍ଟି
ହୁଏତ ପୁଣି କିଏ ଆସିଲା
'କିଏ' - ପଚାରୁଛି ମୁଁ
'କେହି ନାହିଁ'- କହୁଛି ଘଣ୍ଟି

କିନ୍ତୁ ଘଣ୍ଟିର କଣ
ସିଏ ତ ବାଜୁଥାଏ
ସମୟ-ଅସମୟ

କିଏ ଆସେ ତ
ଚିତ୍କାର କରି ଉଠେ
ଯାଏ ତ ଏମିତି ନିସ୍ତେଜ ହୋଇଯାଏ ଯେ
ଅନେକ-ଅନେକ କ୍ଷଣଯାଏ
କିଛି କହେନି

କିନ୍ତୁ କେତେଥର
ଯେତେବେଳେ କେତେ-କେତେ ଘଣ୍ଟା ଧରି
କେହି ଆସେନି
ତାହେଲେ ଘରେ ଯେମିତି ଭରିଯାଏ
ଲୁହାର ଗୋଟିଏ ଅଜବ ଧରଣର

ଦବି ହୋଇ ରହିଥିବା
କାନ୍ଦଣାର ସ୍ୱର

(ଅସଲରେ ଦୁଃଖ ତ
ଲୁହାକୁ ବି ହୋଇଥାଏ !)

ଏହା ତ ଆଗଥର ବାଜି ଉଠିଲା
ରାତି ଦେଢ଼ଟାରେ
ମୁଁ ଉଠିଲି
ଧାଇଁ କରି ଦୁଆର ପାଖକୁ ଗଲି
ଦେଖିଲି - କେହି ନାହିଁ !

ମୋତେ ରାଗ ଲାଗିଲା
ଅନେକ ବେଳଯାଏଁ
ମୁଁ ଘଣ୍ଟିର ରଫା-ଦଫା କରିବାରେ ଲାଗିଲି

ପୁଣି ଭାବିଲି, ଛାଡ଼ ନା ଭାଇ
ଏହା ତ ଘଣ୍ଟି
ଜଡ଼ ଲୁହାର,
ଶୂଳୀ ଉପରେ ଚଢ଼େଇ ଦିଅ
ତାହେଲେ ସେଠି ବି
ତାହା ବାଜିବ ହିଁ ବାଜିବ

ଏବେ ଯଦି କହେ
ତେବେ କିଏ ଏଠି ମାନିବ
ଛୋଟ-ମୋଟ ଘଣ୍ଟିଟି
ଘର ଆଉ ବାହାରର ମଝିରେ
ଛୋଟ ଧରଣର ଗୋଟିଏ ସେତୁ

କିଏ ବିଶ୍ୱାସ କରିବ
ଯେ ଆମ ସମୟର ସବୁଠୁ ବଡ଼ ଖବର
ଚୁପ୍‌ଚାପ୍ ବନ୍ଦ ହୋଇ ରହିଛି
ଗୋଟିଏ ଛୋଟ ଧରଣର ବାଜି ଚାଲିଥିବା ଜିନିଷ
ଘଣ୍ଟିର ହୃଦୟରେ

ସିଏ

ଏତେ ଦିନ ପରେ
ସିଏ ଏହି ସମୟରେ ଠିକ୍
ମୋ ଆଗରେ

କିଛି କହିବାକୁ ନାହିଁ
ଶୁଣିବାକୁ ନାହିଁ
ପାଇବାକୁ ନାହିଁ
ହରାଇବାକୁ ନାହିଁ
କେବଳ ଆଖି ଆଗରେ
ଗୋଟିଏ ପରିଚିତ ଚେହେରା ଥିବା ଦରକାର
ଥିବା ଦରକାର-
ଏତିକି ହିଁ ଯଥେଷ୍ଟ

କେବଳ ଏତିକିରେ
ଶେଷ ହୋଇଯାଏ
ଅନେକ ଜିଜ୍ଞାସା
ଅନେକ ଶବ୍ଦରେ
ଖାଲି ଏଥିରେ ଭରିଯାଇଛି ମୁହଁଯାଏଁ ଅର୍ଥ
ଅଛି ସିଏ

ସିଏ ଅଛି
ଅଛି
ଆଉ ମୁଁ ଚକିତ ହୋଇଛି ଯେ
ଏତେ ବର୍ଷ ପରେ
ଆଉ ଏହି କଠିନ ସମୟରେ ବି
ସିଏ ସେମିତି ଭାବରେ
ହସୁଛି

ଆଉ ବାସ୍
ଏତିକି ହିଁ ଯଥେଷ୍ଟ

ଗୋଟେ ଦିନ ହସ-ହସରେ

ଗୋଟେ ଦିନ
ହସ-ହସରେ
ସିଏ ପୃଥିବୀ ଉପରେ ଟାଣି ଦେଲା
ଗୋଟିଏ ଗୋଲାକାର ରେଖା
ଆଉ କହିଲା- 'ଏହା ତୁମ ଘର'
ମୁଁ କହିଲି-
'ଠିକ୍ ଅଛି, ମୁଁ ଏଇଠି ରହିବି'

ବର୍ଷା
ଶୀତ
ଆଉ ରୌଦ୍ରରୁ ବର୍ତ୍ତି କରି
କିଛି ଦିନ ମୁଁ ରହିଲି
ସେହି ଘରେ

ଏକଥା ବହୁତ ଦିନର ହୋଇଗଲାଣି
କିନ୍ତୁ ସେବେଠୁ ଏହି ଘର
ମୋ ସହିତ ଅଛି
ମୁଁ ଆଗାମୀ ଥଣ୍ଡାର ବିରୁଦ୍ଧରେ
ତାକୁ ଗୋଟିଏ ହାଲ୍କା ରଂଗୀନ ସ୍ୱେଟର ପରି
ପିନ୍ଧି କରି ରହିଛି

ଆସିବ

ଆସିବ
ଯେବେ ସମୟ ମିଳେ
ଯେବେ ସମୟ ନ ମିଳେ
ସେତେବେଳେ ବି ଆସିବ

ଆସିବ
ଯେମିତି ହାତରେ
ଆସିଥାଏ
ଶରୀରର ସବୁ ଜର
ଯେମିତି ଧମନୀରେ
ଆସିଥାଏ ରକ୍ତ
ଯେମିତି ଚୁଲିରେ
ଧୀରେ-ଧୀରେ ଆସିଥାଏ ଆଞ୍ଚ

ଆସିବ ଯେମିତି ବର୍ଷା ପରେ
ଅକାସିଆ ଗଛରେ ଆସିଥାଏ
ନୂଆ-ନୂଆ କଣ୍ଟାଗୁଡ଼ିକ

ଦିନକୁ
ଚିରି-ଫାଡ଼ି
ଆଉ ଶପଥକୁ ନିକୁଛିଆ କରି
ଆସିବ

ଆସିବ ଯେମିତି ମଙ୍ଗଳ ପରେ
ଚାଲି ଆସେ ବୁଧ
ଆସିବ

ଅନ୍ୟ ସହରରେ

ଏହା ହୋଇଥିଲା ଗତଥର
ଏହା ହେବ ଆଗାମୀଥର ବି
ଆମର ପୁଣି ଭେଟ ହେବ
କୌଣସି ଅନ୍ୟ ସହରରେ
ଆଉ ଅପଲକ ନେତ୍ରରେ ଚାହିଁକରି ରହିଯିବା
ଜଣେ-ଅନ୍ୟଜଣକର ମୁହଁକୁ

ରୋଷେଇ ଘରେ ଛୁରୀ

ତାକୁ ଦେଖି କରି
ମୋତେ ଦୟା ଆସୁଛି

ଏହି ସମୟ
ଅନେକ ଗୁଡ଼ିଏ ପରିବା କାଟିସାରିବ ପରେ
ସିଏ ଲଙ୍ଗଳା ଚଟାଣ ଉପରେ
ଚୁପ୍‌ଚାପ୍ ହୋଇ ପଡି ରହିଛି
ଯେମିତି ଖଟି ସାରିବା ପରେ
ଅକାସିଆର ଛାଇରେ ସୁସ୍ତତାରେ ପଡ଼ି ରହେ
ମଜୁରିଆ

ମୁଁ ହାତ ବଢ଼ାଉଛି
ତାକୁ ଆସ୍ତେ କରି ଛୁଉଁଛି
ଆଉ ଅଚାନକ ସିଏ ମନେ ହେଉଛି
ଚଢ଼େଇର କୋମଳ ପର ପରି
ଏବଂ ନିରୀହ

ମୋ ଭିତରେ ପୁଣି ଥରେ
ଗୁମୁରି ଉଠୁଛି ଦୟା

ମୋ ହାତ ବାରମ୍ବାର
ଟାଣି ହୋଇ ଯାଉଛି ତା ଆଡ଼େ
ମୋ ମନ ବାରମ୍ବାର
ଚାଲି ଯାଉଛି ଦୟା ପାଖରୁ ଦୂରକୁ

ତାର ସୁନ୍ଦର ଚମକୁଥିବା ଧାର
ମୋତେ ଛୁଉଛି
ଆଉ ବଞ୍ଚାଇ ଦେଉଛି
କିନ୍ତୁ ଦୟା
ମୋତେ ପ୍ରତିଥର ଚିରି ଦେଉଛି

ଜନ୍ମ ଦିନର ଖରାରେ

କେଉଁଠି ଅଛି ପୂର୍ବଦିଗ
ଗୋଟିଏ ଉଦାତ୍ତ ଗରିମାମୟ ବ୍ଲଡ଼ବ୍ୟାଙ୍କ
ଯେଉଁଠୁ ପ୍ରତିଦିନ ସକାଳୁ
ମୁଁ ହସ୍ତାକ୍ଷର ବିନା
କାଢ଼ି ନେଉଛି ଖରାକୁ
ଏମିତି ତାହା ପ୍ରତିଦିନ ମୋ ସଞ୍ଚୟରୁ ବାହାରି କରି
ଚାଲି ଆସେ ମୋ ଜୀବନକୁ
ମୋର ବହୁତ ଦୁଃଖ ଅଛି
ହଜାର-ହଜାର ଚେହେରା ଥିବା ଲୋକମାନେ
ହଜାର-ହଜାର ଦୁଃଖ
ଯାହା ସହିତ ଖରାର କୌଣସି ସମ୍ପର୍କ ନାହିଁ
କିନ୍ତୁ ନିଜର ଦୁଃଖଗୁଡ଼ିକର ମଝିରେ
ମୁଁ ଜଣେ ବାଦଶାହ ପରି ରହୁଛି ସେମାନଙ୍କ ପାଇଁ
ସେମାନଙ୍କ ପାଇଁ ପଚାଶ ବର୍ଷ ହେଲାଣି
ମୋ ହାତ ଆଜି ବି କିଛି ଛୁଇଁବା ପାଇଁ
ବ୍ୟଗ୍ର
ମୋ ପାଦ ଆଜି ବି
କୁଆଡ଼େ ଯିବାକୁ ଉଚ୍ଚାଟନ
ଯଦିଓ ସତ କହିଲେ ପଚାଶ ବର୍ଷ ହେଲାଣି
ମୁଁ ଆଜି ବି ପୃଥିବୀ ଉପରେ
ଚାଲିବା ଶିଖୁଛି

ମୋ ଜୀବନ
ଗୋଟିଏ ଠୁଙ୍ଗା
ଝଡ଼ିକାରେ ବୁଣା ପତ୍ରଗୁଡ଼ିକର ଠୁଙ୍ଗା
ଯେଉଁଥିରେ ମୋ ଜନ୍ମଦିନ ଠାରୁ ହିଁ
ଟପ୍ ଟପ୍ ଟପକୁଛି ଖରା
ମୁଁ ତାକୁ ପିଉଛି
ଆଉ ଯେତେ ପିଉଛି
ସେତେ ବୁନ୍ଦା-ବୁନ୍ଦା ହୋଇ ଭରି ଯାଉଛି ମୋ ଠୁଙ୍ଗା

ଠୁଙ୍ଗା ହିଁ ତ
ଗୋଟେ ଦିନ ଉଠାଇ କରି
ବାହାରେ ଫିଙ୍ଗି ଦେବ
କିନ୍ତୁ ତାକୁ ନେଇ କରି ନିଜର ଦୁଇ ହାତରେ
ମୁଁ ସୂର୍ଯ୍ୟଠାରୁ ବି ଅଧିକ ସଂପନ୍ନ
ଏହି ପୃଥିବୀ ଉପରେ

ଯାହା ଜୀବନର
ତାକୁ ପ୍ରତିଦିନ ସଂଧ୍ୟାରେ
ମୁଁ ରଖି ନେଉଛି ଜୀବନରେ
ଯାହା ସୂର୍ଯ୍ୟର
ତାକୁ ପ୍ରତିଦିନ ସକାଳେ
ଫେରାଇ ଦେଉଛି ସୂର୍ଯ୍ୟକୁ

ଏହା ସବୁ ଗୋଟିଏ ଧରଣର
ପାଇବା ବି
ହଜାଇବା ବି
ମୋର ସମସ୍ତ ପ୍ରଚେଷ୍ଟା
ଖାଲି ଏତିକି
ଯେ ବଞ୍ଚି ରହୁ ଖରା
ଆଉ ବଞ୍ଚି ରହୁ ଠୁଙ୍ଗା ବି

ଜିଦି

ଏହି କଠିନ ଦିନଗୁଡ଼ିକରେ ବି
ମୋ ଭିତରେ
ଗୋଟିଏ ଅଦ୍ଭୁତ ଜିଦି ପାଳିତ ହେଉଛି
ମୁଁ କେମିତି ଉଠିବି
କିଛି ବେଳଯାଏ ଜୋର୍‌-ଜୋର୍‌ ପାହୁଣ୍ଡ ପକାଇ ଚାଲିବି
ଏହି ସହରକୁ ପାରି ହେବି
ଆଉ ଠିକ୍‌ ସେଇଠି
ଯେଉଁଠି ମୁଁ ଏହି ସହରକୁ ପାରି କରିବି
ମୋତେ ସେମାନେ ଦେଖା ଯିବେ
କଣ୍ଟା ଗଛ ଗୁଡ଼ିକରେ ଲାଲ-ଲାଲ ଫୁଲ

ସେମାନେ କାହିଁକି ଯେ ସେଠି ଥିବେ
ମୁଁ ଜାଣିନି
ଥିଲେ ବି କାହିଁକି ହୋଇଥିବେ ଲାଲ ହିଁ
କହିବା କଠିନ
କିନ୍ତୁ ଜିଦି ଯେତେବେଳେ ଅଛି ତ ଅଛି
ଯେ ସେମାନେ ଥିବେ
ଆଉ ଥିବେ ତ ଲାଲ ହୋଇ ଥିବେ

ଠିକ୍‌ ଅଛି, ମାନିଲି ଲାଲ
ତା ପରେ ?

ମନେ କର ସେମାନେ ସକାଳେ ଲାଲ ହୁଅନ୍ତି
ଆଉ ଦି'ପହର ଢଳୁ-ଢଳୁ
ହୋଇଯାଆନ୍ତି ହଳଦିଆ
ତା ପରେ ?

ମନେ କର ତୁମକୁ ଜଣା ପଡ଼ିଲା
ସେମାନେ ଲାଲ ନୁହନ୍ତି ନା ହଳଦିଆ
ଖାଲି ଗୋଟିଏ କାଳିମା ପରି ଚିତ୍କାର
ଉଠୁଛି ଗଛ ଡାଳରୁ
ତାପରେ ?

ତାପରେ ମୁଁ କିଛି କହି ପାରିବିନି
ରଂଗ ବିଷୟରେ ସେମିତି ବି
ଜୋର୍ ଦେଇ କିଛି କୁହାଯାଇ ପାରେନି
ସେମାନେ ସବୁବେଳେ କୌଣସି ଗଭୀର ପୀଡ଼ାରୁ ଜନ୍ମ ନିଅନ୍ତି
ଆଉ ବଦଳି ଯାଆନ୍ତି
ମାଟି ଓ ଖରାର ସୁଗନ୍ଧରେ

କିନ୍ତୁ ଏବେ ଜିଦି ରହିଛି
ମୋତେ ଯିବାକୁ ତ ହେବ ହିଁ
ଆଉ ଫୁଲ ଭଲେ ଯେଉଁ ରଂଗର ବି ହୋଇ ଥାଉ
ମୋର ମନେ ହୁଏ ଯେ ମୁଁ ଯିବା ପରେ-ପରେ
ହୋଇଯିବେ
ଲାଲ ପଳାଶ !

ଧୀରେ ଧୀରେ ଆମେ

ଧୀରେ ଧୀରେ ପତ୍ର
ଧୀରେ ଧୀରେ ଫୁଲ
ଧୀରେ ଧୀରେ ଈଶ୍ୱର
ଧୀରେ ଧୀରେ ଧୂଳି

ଧୀରେ ଧୀରେ ଲୋକେ
ଧୀରେ ଧୀରେ ବଗିଚା
ଧୀରେ ଧୀରେ ଭୂଷା
ଧୀରେ ଧୀରେ ନିଆଁ

ଧୀରେ ଧୀରେ ମୁଁ
ଧୀରେ ଧୀରେ ତୁମେ
ଧୀରେ ଧୀରେ ସେମାନେ
ଧୀରେ ଧୀରେ ଆମେ

ଦାଗ

ସକାଳୁ ପଡ଼ିଥିଲା
ସଡ଼କ ମଝିରେ
ଲାଲ ଝକମକ ହେଉଥିବା ରକ୍ତର ଦାଗ
ଏବେ ତାହା ଶୁଖି କରି
ଲାଲରୁ ଧୂସର
ଆଉ ଧୂସରରୁ ଧୀରେ ଧୀରେ କଳା ହେବାକୁ ଲାଗିଥିଲା

ସିଏ ସିଆଡ଼କୁ ଯାଉଥିଲା
ଦେଖୁଥିଲା ଦାଗକୁ
ତାପରେ ଆଖିକୁ ହଟେଇ ନେଇ
ଡାହାଣ କିମ୍ବା ବାଁଆ ପଟ ଦେଇ
ଚାଲି ଯାଉଥିଲା ଆଗକୁ

ଏମିତି ଭାବରେ ସାରାଦିନ ଧରି
ହାତକୁ ଉଠାଇ କରି
ସଡ଼କ ଉପରେ ପଡ଼ି ରହିଥିଲା ରକ୍ତର ଦାଗ

ଯେତେବେଳେ କେହି ଆସିଲେନି
ତାପରେ ସାରା ଦିନର ଉତ୍ତାପର ପରେ
ଘୂର୍ଣ୍ଣୀପାକରେ ଆସିଗଲା ଝମାଝମ୍ ବର୍ଷା
ବର୍ଷା ଗଲା ଦାଗ ପାଖକୁ

ସିଏ ଆସ୍ତେ କରି ଦାଗକୁ ଛୁଇଁଲା
ଉଠାଇଲା
କୁଣ୍ଡାକୁଣ୍ଡି ହେଲା
ପୁଣି ସେହି ଏତେ ଛୋଟ ଜାଗାକୁ
ଯେଉଁ ଦାଗଟା ପଡ଼ିଥିଲା
ନିଜର ଓଦା ହାତରେ
ରଗଡ଼ି-ରଗଡ଼ି ଧୋଇଲା
ଏମିତି ଭାବରେ ରକ୍ତର ଦାଗ କଥା
ଶେଷ ହେଲା

ଏବେ ବର୍ଷା ଖୁସୀ
ଯେ ସିଏ ଦାଗକୁ ଧୋଇଦେଲା
ଦାଗ ଖୁସୀ ଯେ ଯେମିତି ସିଏ କେବେ
ସଡ଼କ ଉପରେ ନଥିଲା

ଅଲିଆଗଦା

ଯେତେବେଳେ ସଡ଼କ ଉପରେ
ଗୋଟିଏ ଧ୍ୱନି ଥିଲା
ଆଉ ପବନରେ
ଋତୁ ବଦଳିବାର
ହାଲ୍‌କା ଧରଣର ଗରମଭାବ
ସିଏ ବ୍ୟଗ୍ର
ଆଉ ଉଦଗ୍ର
କ୍ରୋଧରେ ଥର-ଥର ହୋଇ କମ୍ପି କରି
ଚଟାଣ ଉପରେ ଠିଆ ହୋଇଥିଲା
ଆଉ କୋଠରୀର ଜିନିଷଗୁଡ଼ିକ ଉପରେ
ମେଘ ପରି
ବରଷୁ ଥିଲା

ସବୁଠୁ ଆଗ
ସିଏ କାଚଗୁଡ଼ିକ ଭାଙ୍ଗିଦେଲା
ପୁଣି କାଚର ଟୁକୁଡ଼ାରେ
ନିଜର ଫିକା ପଡ଼ିଥିବା ମୁହଁକୁ
ଚୁର୍-ଚୁର୍ କରିଦେଲା

ସିଏ ଫୁଲଦାନିକୁ ଉଠାଇଲା
ଆଉ ତଳେ ଛେଚି ଦେଲା

କ୍ୟାଲେଣ୍ଡର ତାରିଖଗୁଡ଼ିକୁ
ଫାଡ଼ିଫୁଡ଼ି ଦେଲା
ଚୌକିଗୁଡ଼ିକୁ ଉଠାଇ ଉଠାଇ
ଫିଙ୍ଗିବାକୁ ଲାଗିଲା ବାହାର ଆଡ଼େ
ମୋତେ ଲାଗିଲା
ଏବେ ସିଏ ମାନିବନି

ଯେଉଁଆଡ଼େ ପହଞ୍ଚିବ ତା ହାତ
ସିଏ ଦୁନିଆର
ଗୋଟିଏ-ଗୋଟିଏ ମୂଲ୍ୟବାନ
ଆଉ ଚକମକ ହେଉଥିବା ଜିନିଷଗୁଡ଼ିକୁ
ଭାଙ୍ଗିବାରେ ଲାଗିଯିବ

ମୁଁ ଭାବିବାକୁ ଲାଗିଲି
ଅସଲରେ କଥାଟା କଣ
ସିଏ କଣ ଡରି ଯାଇଛି
କିମ୍ବା ଦୁନିଆରେ ହିଁ
ଏତେ ଅଧିକ ଅଳିଆଗଦା
ଜମା ହୋଇ ଯାଇଛି

ଆଉ ଗୋଟିଏ ଅକାଳ

ସଭାକକ୍ଷରେ
ଜାଗା ନ ଥିଲା
ତେଣୁ ମୁଁ କହିଲି କିଛି କଥା ନାହିଁ
ସଡ଼କ ତ ଅଛି
ଚାଲି ପାରିବି ତ

ସୁତରାଂ, ମୁଁ ଚାଲିବା ଆରମ୍ଭ କଲି
ଚାଲି ଯାଉ-ଯାଉ ଦିନେ
ଅଚାନକ ମୁଁ ପାଇଲି
ମୋ ପାଦଦୁଇଟାର ତଳେ
ଏବେ ସଡ଼କ ନାହିଁ

ତେଣୁ ମୁଁ କହିଲି ଚାଲ ଠିକ୍ ଅଛି
ସଡ଼କ ପଛେ ନ ଥାଉ
ମୋ ସହରରେ ଗୁଣୁ-ଗୁଣୁ କରି ଗୀତ ଗାଉଥିବା
ନଦୀ ତ ଅଛି

ପୁଣି ଦିନେ
ବହୁତ ଦିନ ପରେ
ମୁଁ ସକାଳୁ-ସକାଳୁ
ଯେତେବେଳେ ଝରକା ଖୋଲିଲି

ସେବେ ଦେଖିଲି-
ତଟ ସେମିତି ରହିଛି
ଆଉ ନଦୀ ଉଭାନ୍ !

ଏହା ମୋ ପାଇଁ ଥିଲା
ଅକସ୍ମାତ ବଜ୍ରପାତ
ତେବେ ମୁଁ ନିଜକୁ ବୁଝେଇଲି-
ଭାଇ, ଦୁଃଖୀ ହେଉଛ କାହିଁକି
ଏତେ ଦିନ ବିତିଗଲା
ବାକି ଦିନ ବି ବିତିଯିବ
କାହିଁକି ନା ସହରରେ ଲୋକେ ତ ଅଛନ୍ତି

ପୁଣି ଦିନେ
ଯେବେ କେମିତି ଭାବରେ ବି ଦିନ କଟିଲାନି
ସେତେବେଳେ ମୁଁ ବାହାରି ପଡ଼ିଲି
ଲୋକମାନଙ୍କୁ ଖୋଜିବା ପାଇଁ

ମୁଁ ଜଣ-ଜଣକୁ ଭେଟିଲି
ମୁଁ ଜଣ-ଜଣକର ସହିତ କଥାବାର୍ତ୍ତା ହେଲି
ମୋତେ ଆଶ୍ଚର୍ଯ୍ୟ ଲାଗିଲା
ଲୋକମାନଙ୍କୁ ତ ଲୋକେ
ଜାଣନ୍ତନି

ଜୋତା

ସଭା ଉଠିଗଲା
ରହିଯାଇଛି ଜୋତା
ଶୂନ୍ୟ ସଭାଘରେ ଦୁଇଟି ଚକିତ ଉଦାସ
ଧୂଳିମଖା ଜୋତା
ମୁହଁକୁ ଆଁ କରି ରଖିଥିବା ଜୋତା ଯାହାର
କେହି ମାଲିକ ନ ଥିଲେ

ଚୌକିଦାର ଆସିଲା
ସିଏ ଦେଖିଲା ଜୋତାକୁ
ପୁଣି ସିଏ ବହୁତ ବେଳଯାଏଁ ଠିଆ ହୋଇ ରହିଲା
ମୁହଁକୁ ଆଁ କରି ରଖିଥିବା ଜୋତା ଆଗରେ
ଭାବିବାକୁ ଲାଗିଲା-
କେତେ ଅଦ୍ଭୁତ
ଯେ ବକ୍ତା ଚାଲିଗଲେ
ଆଉ ସବୁ ତର୍କବିତର୍କର ଶେଷରେ
ରହିଗଲା ଜୋତା ।

ଶୂନ୍ୟ ସଭାଘରେ
ଯେଉଁଠି କହିବାକୁ ଏବେ କିଛି ନ ଥିଲା
କେତେ କିଛି କେତେ କିଛି
କହିଗଲା ଜୋତା

ଛୋଟ ସହରର ଗୋଟିଏ ଦି'ପହର

ହଜାରେ ଘର, ହଜାରେ ଚେହେରାରେ ଭରା ଶୂନ୍‌ଶାନ୍-
କଥା କହୁଛି, ସତେ ଯେମିତି କଥା କହୁଛି ଚଟ୍ଟାଣ

କାରାଗାରରୁ ଛାଣି ହୋଇ ଆସୁଛି ଦି'ପହର ଖରା
ଖରାରେ ରଖାଯାଇଥିବା ଗୋଟିଏ କଳାରଂଗ କୁଲା

ତମତମ ହୋଇ ରହିଥିବା ମୁହଁ, ଖୋଲା ଖାଲି ହାତ
ଦେଖ ସେମାନେ ଚାଲି ଯାଉଛନ୍ତି ହୋଇ ଜର୍ଜରିତ

ସବୁ ଶବ୍ଦଯାକ ଧୂଳି, ସମସ୍ତ ବ୍ୟାକରଣ ଭଣ୍ଡତା
କେମିତି ଚୁପ୍‌ଚାପ୍ ହୋଇ ଚାଲିଛନ୍ତି ଏହି ଜନତା

ପିଆଲା ଯେ ଭାଙ୍ଗି ଗଲା, ପଡ଼ି ଯାଇ ଅଛି ତଳେ ଚାହା
ସାଇକେଲ୍ ଛାଇରେ ଯେ ଠିଆ, ଗାଇଟି ନ ପାଇ ରାହା

ଗୋଟିଏ ମୁହଁ ଅନ୍ୟକୁ ପ୍ରଶ୍ନ କରେ ନ ହୋଇ ମୁଖର
ଅଛି କି ପ୍ରମାଣ କିଛି- କିଏ ସିଏ- ଦେବ କି ଉତ୍ତର ?

ଉର୍ଦ୍ଧ୍ୱେ ଘୂରି ବୁଲୁଅଛି କାଉ, ହେଲା ସିଏ ଯେହ୍ନେ ବ୍ୟର୍ଥ
ସମଗ୍ର ଏ ପରିବେଶଟିକୁ ଦେଉ ଅଛି କିଛି ଅର୍ଥ

ବିଡ଼ା

ଫସଲ କଟା ସରିଛି
ବିଡ଼ା ବନ୍ଧା ଚାଲିଛି

ଗୋଟିଏ ଜିଦ୍‌ଖୋର ଚିଲ
ପବନରେ ଊର୍ଦ୍ଧ୍ୱରେ ଘୂରିବୁଲୁଛି
ପବନରେ ପହଁରୁଛି ଅନେକ ଗୁଡ଼ିଏ
ଉଦାସ ଆଖି
ଆଉ ଏବେ ଭଲ ମୁଁ ଏହା କେମିତି କହିବି
ଯେ ଯେତେବେଳେ ବିଡ଼ାଗୁଡ଼ିକୁ ବନ୍ଧା ଯାଉଛି
ତିନି ଚାରୋଟି ଛେଳି
ନିଜର ସମସ୍ତ ସୁନ୍ଦରତାର ସହିତ
ଚରିବାରେ ବ୍ୟସ୍ତ

କେତୋଟି ହାତ
ଯାହା ଝୁଲୁଛି କଡ଼ରେ
କେତୋଟି ହାତ ତରବର ହୋଇ
ବାନ୍ଧୁଛନ୍ତି ବିଡ଼ାଗୁଡ଼ିକୁ
ଯେମିତି ବିଡ଼ାଗୁଡ଼ିକୁ ଚୋରି କରାଯାଇଛି
ସୂର୍ଯ୍ୟର ଟାଲରୁ

ଛେଳିଗୁଡ଼ିକ ଚରୁଛନ୍ତି
ଆଉ ସେମାନେ ବାନ୍ଧୁଛନ୍ତି ବିଡ଼ାଗୁଡ଼ିକୁ
କିନ୍ତୁ ମୁଁ
ମୁଁ ଏଠି କାହିଁକି ଅଛି !
ମୁଁ କଣ ଦେଖୁଛି
ଗୋଟିଏ ହାଲ୍‌କା ପୀଡ଼ା
ଆଉ ଏକ ଧୂମିଳ ଆଶାର ସହିତ
ବାରମ୍ବାର ବିଡ଼ାଗୁଡ଼ିକୁ
ଖୋଲିବା ଆଉ ବାନ୍ଧିବା

ଆଉ ନୁହେଁ
ଏବେ ବନ୍ଧା ହୋଇସାରିଛି ବିଡ଼ାଗୁଡ଼ିକ
ବନ୍ଧା ହୋଇସାରିଛି ବହୁତ କିଛି
ଯାହା ଗନ୍ଧ ଆଉ ହସ ପରି
ପ୍ରସାରିତ ହୋଇଥିଲା

ଏବେ କିଛି ଲୋକ ଯାଉଛନ୍ତି
ନିଜର ବିଡ଼ା ଉଠାଇ କରି
କିଛି ଆଉ ବି ଅଛନ୍ତି
ନିଜ ବିଡ଼ାର ଅପେକ୍ଷାରେ

ମୁଁ ସେମାନଙ୍କୁ ଦେଖୁଛି
ଆଉ ବିଚଳିତ ହୋଇ ଯାଉଛି
କାହିଁକି ନା ଏବେ ଧୀରେ-ଧୀରେ
ବିଡ଼ା କମି ଯାଉଛି

ଭାବୁଛି
ଯେତେବେଳେ ସବୁ ବିଡ଼ା ଉଠିଯିବ
ଯେବେ କାହା ପାଖରେ

ମୁଣ୍ଡ ଉପରେ ବୋହିବାକୁ କିଛି ନ ଥିବ
କେବଳ ନିଜ ମୁଣ୍ଡ ଛଡ଼ା
ତେବେ କେତେ ଖାଲି – ଖାଲି
ଲାଗିବ ଦୁନିଆ
କେତେ ଫାଙ୍କା – ଫାଙ୍କା
ଦେଖାଯିବ ମୁଣ୍ଡଟା।

ଦାନାଗୁଡ଼ିକ

ନା
ମୁଁ ବଜାରକୁ ଯିବିନି
ଖଳାରରୁ ଉଠି ଯାଉଥିବା ବେଳେ
କହୁଛନ୍ତି ଦାନାଗୁଡ଼ିକ

ଯିବୁ ତ ଆଉ ଫେରିକରି ଆସିବୁନି
ଯାଉ-ଯାଉ
କହିକରି ଯାଉଛନ୍ତି ଦାନାଗୁଡ଼ିକ

ଯଦି ବା ଆସିଲୁ
ତାହେଲେ ତୁମେ ଆମକୁ ଚିହ୍ନି ପାରିବନି
ନିଜ ଅନ୍ତିମ ଚିଠିରେ
ଲେଖିକରି ପଠାନ୍ତି ଦାନାଗୁଡ଼ିକ

ଏହାପରେ ମାସ ମାସ ଯାଏଁ
ବସ୍ତିକୁ
ଆଉ କୌଣସି ଚିଠି ଆସେନି

ପଶୁମେଳା

କାର୍ତ୍ତିକ ସଂଧ୍ୟା
ଟ୍ରକ୍ ଚାଲିଯାଉଛି
ଟ୍ରକ୍‌ରେ ଲଦା ହୋଇଛନ୍ତି ବଳଦ
ବିକା ହେବା ପାଇଁ ଯାଉଛନ୍ତି
ଦଦରୀ ମେଳାରେ

ସୁଦୂର ପଞ୍ଜାବରୁ ଆସୁଛନ୍ତି
ଲମ୍ବା ଓଜନଦାର
ହୃଷ୍ଟପୁଷ୍ଟ ବଳଦ
ବିକ୍ରୀ ହେବେ ଘୋଡ଼ା ଭାଉରେ

କେତେ ଅଦ୍ଭୁତ କଥା
ଯେ ବଳଦଙ୍କୁ
ମେଳାର ସଂଧ୍ୟା
ସୁନ୍ଦର ଚମକଦାର ଘୋଡ଼ାରେ ପରିଣତ କଲା

ଧୂଳିରେ ବୁଡ଼ି ରହି
ଛୁଟି ଚାଲିଛି ଟ୍ରକ୍
ଟ୍ରକ୍‌କୁ ଜଲ୍‌ଦି ଯିବାର ଅଛି
ମେଳାରେ ପହଞ୍ଚିବା ପାଇଁ
ଟ୍ରକ ଉପରେ ଛିଡ଼ା ହୋଇଛନ୍ତି ବଳଦଗୁଡ଼ିକ

୮୮ | ଅକାଳରେ ସାରସ

କ୍ଲାନ୍ତ
ବିଧ୍ୱସ୍ତ
ଚୁପ୍‌ଚାପ୍‌ ହୋଇ ଅନେଇଛନ୍ତି
ସୁଦୂର ପଞ୍ଜାବରୁ ଆସୁଛନ୍ତି
କେବଳ କେବେ-କେବେ
ଟ୍ରକ୍‌ର ହଲିବାରୁ
ବାଜି ଉଠୁଛି ବଳଦଙ୍କ
ବେକରେ ବନ୍ଧା ହୋଇଥିବା ଘଣ୍ଟି
ପୁଣି ଗୋଟିଏ ବଳଦ
ଚମକି ଉଠି
ଦେଖେ ଅନ୍ୟମାନଙ୍କୁ
ସତେ ଯେମିତି ସିଏ ପଚାରୁଛି-
'ଭାଇ! ମେଳା ଆଉ କେତେ ଦୂର!'

ପାଞ୍ଚଟି କୁକୁରଛୁଆ

ମାଇ କୁକୁର ଜନ୍ମ ଦେଲା ପାଞ୍ଚଟି ଛୁଆ
ପାଞ୍ଚଟାଯାକ ସୁସ୍ଥ ସୁନ୍ଦର
ନରମ
ଗୁଲୁଗୁଲିଆ
ବିଚିତ୍ର ଛୁଆଗୁଡ଼ିକ

ଏବେ ସୂର୍ଯ୍ୟ ଆଡ଼େ ମୁହଁ କରି
ପାଞ୍ଚୋଟିଯାକ ଠିଆ ହୋଇଛନ୍ତି
କୂଁ-କୂଁ କରି
ଚକିତ-ହୈରାଣ
ସତେ ଯେମିତି ପଚାରୁଛନ୍ତି
କିହେ, ଆମେ ତ ଆସିଗଲେ
ଏବେ କ'ଣ କରିବା
ଏହି ଦୁନିଆର ?

ଗୋଟେ ଦିନ ଭକ୍ କରି

ଗୋଟେ ଦିନ ଭକ୍ କରି
ହୀରା ମୋତି
ପିଆଜ ହଳଦି
କବୀର ନିରାଲା
ସ୍ୱର୍ଗ ନରକ
ଅସରପା କୁହ୍ୟାଶା
ସମସ୍ତଙ୍କ ବିଷୟ ସ୍ପଷ୍ଟ ହୋଇଯିବ

ଯେମିତି ଖରା
ଖପର ଛାଉଣି ଚାଳ ଦେଇ
ଯାଉ-ଯାଉ ହଠାତ୍
ସ୍ପଷ୍ଟ ହୋଇ ଯାଉଛି

ନଦୀ

ଯଦି ଧୀରେ ଯାଅ
ସିଏ ତୁମକୁ ଛୁଇଁଦେବ
ଦୌଡ଼ିଲେ ତ ଛୁଟିଯିବ ନଦୀ
ଯଦି ସାଙ୍ଗରେ ନିଅ
ତାହେଲେ ଜଙ୍ଗଲ ବାଟରେ ବି
ସିଏ ଚାଲିକରି ଯିବଭାରି
ତୁମ ଆଙ୍ଗୁଠିକୁ ଧରି
ଯଦି ଛାଡ଼ି ଦିଅ
ତାହେଲେ ସେହି ଅନ୍ଧାରରେ
କୋଟି କୋଟି ତାରାଙ୍କ ନଜରକୁ ଲୁଚାଇକରି
ସିଏ ଚୁପ୍‌ଚାପ୍‌ ହୋଇ ରଚିଦେବ
ଗୋଟିଏ ସମଗ୍ର ଦୁନିଆ
ଗୋଟିଏ ଛୋଟ
ଶାମୁକାରେ

ଏହା ହେଉଛି ସତ
ଯେ ତୁମେ ଯେଉଁଠି ବି ରହ
ତୁମକୁ ବର୍ଷର ସବୁଠାରୁ କଠିନ ଦିନଗୁଡ଼ିକରେ ବି
ଭଲପାଏ ଗୋଟିଏ ନଦୀ
ନଦୀ ଯାହା ଏହି ସମୟରେ ନାହିଁ ଆମ ଆଖପାଖରେ
କିନ୍ତୁ କେଉଁଠି ନା କେଉଁଠି ଅଛି

କୌଣସି ଚଟାଇ
କିମ୍ବା ଫୁଲଦାନିର ତଳେ
ଚୁପ୍‌ଚାପ୍ ପ୍ରବାହିତ ହୋଇ

କେବେ ଶୁଣିବ
ଯେତେବେଳେ ସାରା ସହର ଶୋଇଯାଏ
ସେତେବେଳେ ଦୁଆର ଉପରେ କାନ ଲଗାଇ
ଧୀରେ-ଧୀରେ ଶୁଣିବ
କେଉଁଠି ନା କେଉଁଠି ଆଖପାଖରେ
ଗୋଟିଏ ମାଇ-କୁମ୍ଭୀରର ଡାକ ପରି
ଶୁଣାଯିବ ନଦୀ

ଗୋଟିଏ କାଳଜୟୀ କୃତି ଭଳିଆ

ତାକୁ ଚାଲିବାରେ
ଏବେ କଷ୍ଟ ହେଉଛି
ଚାଲିଲେ ପାଦ ଫୁଲି ଯାଉଛି

ତାର ସ୍ତନ ଦୁଇଟି
ହାୟ, ମୁଁ କଣ କରିବି କଣ କରିବି

ଯେ ସେହି ଶିଶୁ ପରିକା ବୁଢ଼ୀ
ଗୋଟିଏ କାଳଜୟୀ କୃତି ଭଳିଆ
ସେଇଠି
ସେହି ଖୁଣ୍ଟରେ ପିଠି ଲଗାଇକରି
ସେମିତି ଭାବରେ ବସି ରହେ
ଅନନ୍ତ କାଳଯାଏଁ

ଟହଲୁଥିବା ବୁଢ଼ାମାନେ

ପାଞ୍ଚଜଣ ବୁଢ଼ା
ଖାଲି ସଡ଼କ ଉପରେ ଚାଲି ଚାଲି ଯାଉଥିଲେ
ଏହା ଥିଲା ସଂଜବେଳର ପବନ
ଶିଶିର-ସିକ୍ତ ଆଉ ଶୀତଳ
ଯିଏ ହାତ ଧରିକରି ନେଇଯାଉଥିଲା ତାକୁ
ଆଉ ପାଞ୍ଚ-ଛଅ ଜଣ ବୁଢ଼ା ଚାଲିଚାଲି ଯାଉଥିଲେ
ଚୁପ୍‌ଚାପ୍‌ ଆଉ ଗମ୍ଭୀର ଭାବରେ

କେବଳ କେବେ-କେବେ
ସେମାନଙ୍କ ଭିତରୁ କେହି ଜଣେ
ଧୀରେ କରି କିଛି କହୁଥିଲା
ଯେମିତି ପତ୍ରଟିଏ ଖସି ପଡ଼ିଲା ସଡ଼କରେ

ପୁଣି ସମସ୍ତେ ରୋକି ଯାଉଥିଲେ
ଆଉ ପୁଣି ସମସ୍ତେ ଚାଲିବାରେ ଲାଗୁଥିଲେ
ଅଲଗା-ଅଲଗା
ଏକା ସାଙ୍ଗରେ-ଏକାସାଙ୍ଗରେ
ଏକା ସାଙ୍ଗରେ-ଏକା ସାଙ୍ଗରେ
ଅଲଗା-ଅଲଗା

ଅଚାନକ ଚାଲୁ-ଚାଲୁ

ସେମାନଙ୍କ ଭିତରୁ କେହି ଜଣେ
ଟିକିଏ ଅଟକି ଗଲା
ସିଏ ଦୂରର କୌଣସି ଗଛର ଶାଖାରେ
କିଛି ଲାଲ-ଲାଲ-ଯେମିତି
ଉଡୁଥିବାର ଦେଖିଲା
ସିଏ ଏହି ମହତ୍ତ୍ୱପୂର୍ଣ୍ଣ କଥା
ଅନ୍ୟଜଣକୁ କହିଲା
ପୁଣି ସବୁ ବୁଢ଼ାମାନେ ରୋକି ଗଲେ
ଆଉ ସମସ୍ତେ ଏକ ଦୃଷ୍ଟିରେ ଅନେଇ ରହିଲେ
ସେହି ହଲୁଥିବା
ଶାଖା ଆଡ଼େ
କିଛି ବେଳଯାଏଁ ସେଠି ଠିଆ ହୋଇ ରହିଲେ ସେମାନେ
ସିଆଡ଼େ ମୁହଁ କଲେ
ଚକିତ
ଅବାକ୍

ପୁଣି ଅଚାନକ ଯେମିତି କରେଣ୍ଟ ଲାଗିଗଲା
ସେମାନେ ଚାଲିବାକୁ ଲାଗିଲେ
ଜୋର୍-ଜୋର୍
ଜଲ୍‌ଦି-ଜଲ୍‌ଦି
ଜଲ୍‌ଦି-ଜଲ୍‌ଦି
ଜୋର୍-ଜୋର୍

ଦୁଃଖ-୧

ଦୁଃଖ !
ତାହା ତ ଅଛି
ତାହା ତ ଅଛି ହିଁ
ଗତ ରାତିରେ ତାହା ତ
ଠାଁୟ-ଠାଁୟ
ବାଜିବାର ଲାଗିଥିଲା ମୋ ଛାତିରେ
ପରଦିନ ସକାଳେ ତାକୁ
ଜଣେ ଲୋକର
ଭାଗ୍ୟ ଲଲାଟ ଉପରେ
ଚମକୁ ଥିବାର ଦେଖିଲି
ତାହା ତ ଅଛି
ତାହା ତ ଅଛି ହିଁ

କଣ ଅଭିଯୋଗ କରିବି ?

ଦୁଃଖ-୨

ଦୁଃଖର କୌଣସି ପାହାଡ଼ ନ ଥାଏ
କୌଣସି ସମୁଦ୍ର ନ ଥାଏ ଦୁଃଖର
କେବଳ ହାତ ଥାଏ
ଛୋଟ-ଛୋଟ
ଯାହା ସାରାଦିନ ଦଉଡ଼ି ପରି
ବୁଣିବାରେ ବ୍ୟସ୍ତ ଥାଏ ଦୁଃଖକୁ

ଏମିତି ଛୋଟ-ଛୋଟ ଦୁଃଖ ଗୁଡ଼ିକର
ଗୋଟିଏ ମହାନ ଖଟିଆ
ଜଣା ନାହିଁ କେବେଠୁ ବୁଣା ଯାଉଛି
ମୋ ସହରରେ
ଆଉ ତୁମର ସହରରେ

ଯେତେବେଳେ ସଂଜ ହୁଏ
ବୁଣୁ-ବୁଣୁ ଥକିଯାଏ ହାତ
ଆଉ ପୁଣି ଶୋଇଯାଏ
ସେହି ଅସୀମ-ଅନନ୍ତ ଖଟିଆ ଉପରେ
ଯାହା ଆଜିଯାଏଁ
ବୁଣା ଯାଇନି

ରାତିରେ ସିଲେଇ

ସିଲେଇ କର
ହଁ, ସିଲେଇ କର
କହୁଛି ଲଣ୍ଠନ
ଝୁଙ୍କି ପଡ଼ି ଧୀରେ ଧୀରେ
ଲୋକଟା ସିଲେଇ କରୁଛି

ଦେଖ
କୌଣସି ସିଲେଇ
ଭୁଲ୍‌ଭାଲ୍ ହୋଇନଯାଏ
ଦେଖ-ଛୁଞ୍ଚିର ମୁନ ଆଡ଼େ
ଦେଖ,
ଦେଖ-ଦେଖ ବଞ୍ଚାଅ ନିଜ ଆଙ୍ଗୁଠିକୁ
କହୁଛି ଲଣ୍ଠନ
ଶୁଣୁଛି ଲୋକଟା
ଆଉ ଆଲୁଅ ଆଗରେ
ନୁଆଁଇ ଦେଉଛି ମୁଣ୍ଡକୁ

ଏମିତି ଝୁଙ୍କି ପଡ଼ି
କେଜାଣି କେତେବେଳଯାଏଁ
ସିଲେଇ କରୁଥିବ ସିଏ

ଚେଇଁକରି ରହିବ ଲଣ୍ଠନ
କଣ୍ଟାରେ ଟଙ୍ଗା ହୋଇ କରି

ଯେତେବେଳେ ସିଲେଇ କରୁ-କରୁ
ସିଏ ଥକି ଯିବ
ତା ନଖର କଣ ଯାଏଁ
ଯେତେବେଳେ ରକ୍ତରେ ଭରିଯିବ

ଥରେ ଆଖି ଉଠାଇବ
ସିଏ ଧୀରେ କରି ଦେଖିବ ଲଣ୍ଠନକୁ
ସତେ ଯେମିତି ପଚାରୁଛି – 'ଏବେ!'
ଏବେ ଶୋଇଯାଅ
ଶୋଇଯାଅ-କହିବି ଲଣ୍ଠନ

ପୁଣି ଲୋକଟା ଆଉ ଲଣ୍ଠନ
କାନ୍ଥରେ ମୁଣ୍ଡକୁ ଲଗାଇ କରି
ଦୁହେଁଯାକ ଶୋଇ ଯିବେ

ତିଆରି ହେଉଥିବା ଘର

ମୁଁ ଦେଖୁଛି
ସିଏ କେବେଠୁ ରଖିବାରେ ଲାଗିଛି
ଇଟା ଉପରେ ଇଟା
ଲୁହା ଉପରେ ଲୁହା
ଇନ୍ଦ୍ରଧନୁ ଉପରେ
ଇନ୍ଦ୍ରଧନୁ

ଆଉ ଭାଇ ବାଃ,
ଏହା କେମିତି ଜାଦୁ
ଯେ ଇଟା ଧୀରେ-ଧୀରେ
ବଡ଼ ହୋଇ ଯାଉଛି
ଧୀରେ-ଧୀରେ ଇଟାଠୁ ବି
ଛୋଟ ହୋଇ ଯାଉଛି
ସିଏ !

ଭୂମିକମ୍ପ ହେଲା ଭଳି ଗୋଟିଏ ରାତି

କାଲି ରାତିରେ ଶୋଇ ପାରିଲିନି
ଯେମିତି ଆଖି ଲାଗିଲା
ବାହାରେ
ଧମ୍ ଧମ୍ ହୋଇ ବାଜିବାକୁ ଲାଗିଲା ଧରିତ୍ରୀ
ହଲିବାକୁ ଲାଗିଲା ଫାଟକ
ସତେ ଯେମିତି ବହୁତ ଗୁଡ଼ିଏ ହାତ
ଦୁଆରକୁ ବାଡ଼ଉଛି
ସତେ ଯେମିତି 'ଖୋଲ-ଖୋଲ' ଚିତ୍କାର କରୁଛନ୍ତି ସେମାନେ
ପୁଣି ଛାତ
ଖୁଣ୍ଟ
ବିଜୁଳିର ତାର
ସମସ୍ତେ ଚିତ୍କାର କରିବାକୁ ଲାଗିଲେ ଜୋର୍ - ଜୋର୍ କରି

ବାହାରେ କିଛି ବି
ଦେଖା ଯାଉ ନ ଥିଲା
ସ୍ୱଚ୍ଛ ନ ଥିଲା କେଉଁଠି
କିଛି ବି
କେବଳ ବହୁତ ରାତିଯାଏଁ ଧଡ଼ ଧଡ଼
ଆବାଜ କରୁଥିଲା ଦୁଆର ଗୁଡ଼ିକ
ଧମ୍ ଧମ୍ ହୋଇ ବାଜୁଥିଲା ଧରିତ୍ରୀ
ବହୁତ ରାତିଯାଏଁ

କଳା ମାଟି

କଳା ମାଟି କଳା ଘରଟା
ସାରାଦିନ ତ ବସା-ଉଠା

କାଳିଆ ନଦୀ କଳା ଘନ
ଶୁଖି ଯାଉଛି ସାରା ବନ

କଳା ଯେ ସୂର୍ଯ୍ୟ କଳା ହାତ
ସଭିଙ୍କ ଶିର ଅବନତ

ତର୍କ ତ କଳା ନ୍ୟାୟ କଳା
ଚା ପିଉଛି ମେଜ ଭଲା

କଳା ଅକ୍ଷର କଳା ନିଶି
କହେ କେ କାରେ କଥା ଆସି

କଳା ଜନତା କଳା କ୍ରୋଧ
କଳା-କଳା ତ ଯୁଗବୋଧ

କଠୋର ଶୀତରେ

କଠୋର ଶୀତରେ
ବୁଲିବାକୁ ବାହାରିଥିଲି
ଦେଖିଲି-
ବାଲି ଉପରେ ପଡ଼ି ରହିଛି
ଛୋଟ-ଛୋଟ ଧୂସର ଧବଳ
କଇଁଚର ଅଣ୍ଡାଗୁଡ଼ିକ

କେହି ନ ଥିଲେ
ସେଠି ଦୂର-ଦୂର ଯାଏଁ
କେହି ନ ଥିଲେ
କେବଳ ଅଣ୍ଡାଗୁଡ଼ିକ ଥିଲା
ଆଉ ଭିଜିଲା-ଭିଜିଲା
ବାଲି ଥିଲା
ଯାହା ଅଣ୍ଡାଗୁଡ଼ିକୁ କୋଳରେ ରଖିକରି
ଏମିତି ଭାବରେ ରହୁଥିଲା
ଯେମିତି ସେଗୁଡ଼ିକ
ତା ନିଜର ଅଣ୍ଡା

ବାଲି ଉପରେ ବୁଲିବାକୁ
ଯାଇଥିଲି ଖାଲି
ଫେରିଲି ତ ଏବେ ମୁଁ
ଭରା-ଭରା ହୋଇ ଥିଲି

ଗୋଟିଏ ମୁକୁଟ ପରି

ପୃଥିବୀର ଲଲାଟ ଉପରେ
ଗୋଟିଏ ମୁକୁଟ ପରି
ଉଡ଼ି ଯାଉଥିଲେ ପକ୍ଷୀ

ମୁଁ ଦୂରକୁ ଦେଖିଲି
ଆଉ ମୁଁ ସେଠୁ ଚିତ୍କାର କଲି
ଅଭିନନ୍ଦନ
ପୃଥିବୀ, ତୁମକୁ ଅଭିନନ୍ଦନ !

ଚିଠି

କାଲି ଗାଁରୁ
ଖଣ୍ଡେ ଚିଠି ଆସିଛି
ବହୁତ ଦିନ ପରେ

ହୁଏତ ନଦୀ ପଠାଇଛି

ନା ଦିନ
ନା ତାରିଖ
ନା ଶିରୋନାମ
ଖାଲି ଉପର କୋଣରେ
ଗୋଟିଏ ବୁନ୍ଦା ପରି
ଛାପ ଥିଲା
ଛୋଟିଆ ମଧୁର
ଗାଁର ନାମ-
'ଚକିୟା'

ସହରର
ସେହି ସବୁଠୁ ବ୍ୟସ୍ତ ଛକ ଉପରେ
ସମସ୍ତଙ୍କ ପାଖରୁ ଲୁଚେଇ କରି
ମୁଁ ଅନେକ ବେଳଯାଏଁ ପଢ଼ି ଚାଲିଥିଲି
ସେହି ଖାଲି-ଖାଲି ଚିଠିକୁ

ଆଉ ପୂରା ଚିଠିରେ
ଗୁଂଜି ଉଠୁଥିଲା
ଚିତ୍କାର କରୁଥିଲା
କେବଳ ଗୋଟିଏ ହିଁ ଶବ୍ଦ
ଚକିୟା ! ଚକିୟା !

ମୋର ମନେ ପଡ଼ିଲା
ଆଉ ଗୋଟିଏ ଚିଠିର କଥା
ଯାହା ବହୁ ବର୍ଷ ଆଗରୁ
ମୁଁ ଦିଲ୍ଲୀରୁ ପଠେଇ ଥିଲି
କିନ୍ତୁ ଆଜିଯାଏଁ
ପହଞ୍ଚିନି ଚକିୟାରେ

ଚେହେରା

ଏଯାଏଁ ଆସୁ-ଆସୁ
ମୁଁ ବହୁତ କିଛି ଭୁଲି ସାରିଛି
ବହୁତ କିଛି-
ଯାହାକୁ ମନେ ରଖିବା ବହୁତ ଜରୁରୀ ଥିଲା ।

କିନ୍ତୁ ମୋ ପାଇଁ ଏହା କହି ପାରିବା
ବହୁତ କଷ୍ଟକର ଥିଲା ।
ଯେ ଏତେଦିନ ପରେ ବି
ମୋର କାହିଁକି ମନେ ଅଛି
ଜଣେ ବୁଢ଼ା ଉଦାସ ମେଷପାଳକର ଚେହେରା
ଯାହାକୁ ମୁଁ ଦିନେ ନଦୀରେ
ପଡ଼ିଥିବାର ଦେଖିଥିଲି
ଯେଉଁଠି ତାର ମେଣ୍ଢାଗୁଡ଼ିକ ପାଣି ପିଉଥିଲେ ।

ମୁଁ ଦେଖିଲି
ସେହି ଚେହେରାର ବଳିରେଖାଗୁଡ଼ିକରେ
ଏବେ ବି ଜାଗା ଥିଲା
ଯେଉଁଠି ଗୋଟିଏ ଚଢ଼େଇ
ତା ନୀଡ଼ ତିଆରି କରି ପାରିଥାନ୍ତା ।

ପୁଣି ମେଣ୍ଢାଗୁଡ଼ିକ ସେଠି ରହିଗଲେ

ଆଉ ଜଣା ନାହିଁ କେମିତି
ଦିନକୁ ଟପକି-ଟପକି
ମୋ ସଙ୍ଗେ-ସଙ୍ଗେ ଚାଲି ଆସିଲା
ପାଣି ଆଉ କାଦୁଅ-ସମେତ
ସେହି ଜୀବନ୍ତ ଚେହେରା
ଯେଉଁଥିରେ ଏତେ ବର୍ଷ ପରେ ବି
ମୋ ଭିତରେ
ବୁନ୍ଦା ବୁନ୍ଦା ଟପକୁଛି

ଏବେ କଣ କରିବି
ଏହି ଚେହେରା
କଣ ଏହା ସମ୍ଭବ ହେବ ଯେ ଯିବି
ଆଉ ପୁଣି ଛାଡ଼ି ଦେଇ ଆସିବି
ସେହି ନଦୀରେ
କଣ ଟାଙ୍ଗି ଦେବି କାନ୍ଥରେ
କଣ କୌଣସି ଖୁଣ୍ଟି ଅଛି
ଯାହା ସମ୍ଭାଳି ନେବ
ଗୋଟିଏ ଜୀବନ୍ତ ଚେହେରାକୁ !

ଅଣ୍ଡାରେ ମରେନି ଶବ୍ଦ

ଅଣ୍ଡାରେ ମରେନି ଶବ୍ଦ
ସେଗୁଡ଼ିକ ମରିଯାନ୍ତି ସାହସର ଅଭାବରେ
କେତେଥର ମୌସୁମର ଆର୍ଦ୍ରତା ଯୋଗୁ
ମରିଯାନ୍ତି ଶବ୍ଦ

ମୋତେ ଥରେ
ଗୋଟିଏ ଖୁବ୍ ଲାଲ
ପକ୍ଷୀ ଯେମିତି ଶବ୍ଦ
ମିଳି ଯାଇଥିଲା ଗାଁର ଶେଷ ମୁଣ୍ଡରେ
ମୁଁ ତାକୁ ନେଇ ଆସିଲି ଘରକୁ
କିନ୍ତୁ ଯେମିତି ସିଏ ପହଞ୍ଚିଲା ଚୌକାଠ ପାଖରେ
ସିଏ ମୋତେ ଥରେ
ଗୋଟିଏ ଅଦ୍ଭୁତ ପ୍ରକାରର କାତର ଦୃଷ୍ଟିରେ ଦେଖିଲା
ଆଉ ପ୍ରାଣ ତ୍ୟାଗ କଲା

ସେବେଠୁ ମୁଁ ଶବ୍ଦଗୁଡ଼ିକୁ ଡରିବାକୁ ଲାଗିଲି
ଭେଟ ହୋଇ ଗଲେ ମୁଁ ଚାଲି ଯାଉଥିଲି ଆଡ଼େଇ ହୋଇ
କେତେଥର ମୁଁ ବୁଜି ଦେଉଥିଲି ଆଖି
ଯେବେ ଦେଖୁଥିଲି
କୌଣସି ଚଟକଦାର ରଂଗୀନ ରୁଆଁଉଠା ଶବ୍ଦ
ମୋ ଆଡ଼େ ଆଗେଇ ଆସୁଛି

ପୁଣି ଧୀରେ-ଧୀରେ ଏହି ଖେଳରେ
ମୋତେ ଆସିବାକୁ ଲାଗିଲା ମଜା
ଗୋଟେ ଦିନ ମୁଁ ଖାଲି ଅକାରଣଟାରେ
ଖୁବ୍ ସୁନ୍ଦର ଗୋଟିଏ ଶବ୍ଦ ଉପରକୁ ପଥର ଫିଙ୍ଗିଲି
ଯେତେବେଳେ ଧାନର ଅମାରରେ
ସିଏ ସାପ ପରି ଲୁଚିଥିଲା

ସୁନ୍ଦର ଚମକୁଥିବା ତାର ଆଖି
ମୋର ଏଯାଏଁ ମନେ ଅଛି

ଏବେ ଏତେ ଦିନ ପରେ
ମୋର ଡର କମି ଯାଇଛି
ଏବେ ଶବ୍ଦ ସାଙ୍ଗରେ ଦେଖା ହେଲେ
କଥାବାର୍ତ୍ତା ଆରମ୍ଭ ହୋଇଯାଏ

ଏବେ ମୁଁ ଜାଣି ଯାଇଛି
ତାର ଲୁଚିବାର
ବହୁତ ଗୁଡ଼ିଏ ଜାଗା
ତାର ଅନେକ ପ୍ରକାରର ରଂଗ
ମୁଁ ଜାଣି ଯାଇଛି
ଯେ ସବୁଠୁଁ ସରଳ ଶବ୍ଦ ତାହା ହୋଇଥାଏ
ଯାହା ହୁଏ ଧୂସର ଆଉ ଖଇର ରଂଗର
ତାହା ସବୁଠୁ ବିପଜ୍ଜନକ
ଯାହା ହାଲ୍‌କା ଆଉ ଗୋଲାପୀ ହୋଇଥାଏ

ଯାହାକୁ ଆମେ ବଞ୍ଚାଇ କରି ରଖୁଛେ
ଆପଣାର ସବୁଠୁ ଭାରୀ
ଆଉ ଦୁଃଖଦ କ୍ଷଣ ପାଇଁ

ପ୍ରାୟତଃ ମଉକା ମିଳିଲେ
ତାହା ଲାଗିଥାଏ ଅଶ୍ଳୀଳ

ଏବେ ଏହାର ମୁଁ କଣ କରିବି ଯେ
ଯାହା କୌଣସି କାମର ନ ଥାଏ
ଏମିତି ବାଜେ ଖାପଛଡ଼ା
ଆଉ ଅଳିଆଗଦାରେ ଫିଙ୍ଗାଯାଇଥିବା ଶବ୍ଦ
ନିଜର ସଂକଟ ସମୟରେ
ମୋତେ ଲାଗିଥାଏ ସବୁଠୁ ଭରସାର ଯୋଗ୍ୟ

ଏହି ତ କାଲିର କଥା
ଅନ୍ଧାରିଆ ସଡ଼କ ଉପରେ
ମୋତେ ଅଚାନକ ଘେରି ନେଲେ
ପାଞ୍ଚ-ସାତ ସୁସ୍ଥ ଆଉ ସୁନ୍ଦର ଶବ୍ଦଗୁଡ଼ିକ
ମୁଁ ତ ଛାନିଆ ହୋଇଗଲି
ଝାଳରେ ସୁଡୁବୁଡୁ ହୋଇ କିଛି ବେଳଯାଏଁ ଠିଆ ହେଲି
ତାଙ୍କ ଆଗରେ ଅବାକ୍

ତାପରେ ପଳେଇବାକୁ ଲାଗିଲି
ଏବେ ମୋର ଗୋଟିଏ ପାଦ ଉପରକୁ ଉଠି ହିଁ ଥିଲା
ଯେ ଜାଣିନି କେଉଁଠୁ
ରକ୍ତରେ ସୁଡୁବୁଡୁ ଗୋଟିଏ ଛୋଟ ଧରଣର ଶବ୍ଦ
ଧଇଁ ସଇଁ ହୋଇ ଆସିଲା
ଆଉ କହିଲା-
'ଚାଲ, ଘରେ ପହଞ୍ଚେଇ ଦେବି'

ଇନ୍ଦ୍ରିୟବୋଧ

ମୁଁ ଆଖିରେ ଚିନ୍ତା କରେ
କାନରେ ଦେଖେ ମୁଁ

ମୋ ଜିଭ
ଗୋଟିଏ ଅଦ୍ଭୁତ ସ୍ୱାଦର ସହିତ
ଚୁପ୍‌ଚାପ୍ ହୋଇ ଶୁଣୁଥାଏ
ପ୍ରତିଟି ଆବାଜକୁ

ମୋ ନାକ
ଯେହେତୁ ଅପେକ୍ଷା କରି ପାରେନି
ସମ୍ଭାବ୍ୟ ସୁଗନ୍ଧ ପାଇଁ
ସେଥିଲାଗି ପ୍ରାୟତଃ ତମ୍‌ତମ୍ ହୋଇ
ଲାଲ ହୋଇଯାଏ

ଆଉ ମୁଁ
ଯେହେତୁ ଅଧିକାଂଶ ସମୟ ଚୁପ୍ ରହିଛି
ସେଥିପାଇଁ କେବଳ ମୋ ହାତ କହୁଛି
ଯେତେବେଳେ ତାହା ଥାଏ
ଅନ୍ୟ କୌଣସି ହାତରେ

ଆଶା ଛାଡ଼ନ୍ତିନି କବିତାଗୁଡ଼ିକ

ଯେବେ ପବନ ବହେ
କେଉଁଠୁ ଗୋଟିଏ ପତ୍ର
ଚଟ୍ କରି
ମାଟି ଉପରେ ଖସି ପଡ଼େ
ଆଉ ଛପା ଯାଇଥିବା ଗୋଟିଏ କବିତା
ନିଜର ଟାଇପ୍ ଆଉ ଫର୍ମରୁ ଛିଟିକି କରି
ହୋଇଯାଏ ଅଲଗା
ଗୋଟିଏ ଭଲ କବିତା
ନିଜର ଭଲ ପଣିଆ ଉପରେ
ଦୟା କରିବା ଆରମ୍ଭ କରେ

ଗୋଟିଏ ମହାନ କବିତା
ବୁଡ଼ିବାକୁ ଲାଗେ
ନିଜର ସ୍ଫଟିକ ଗରିମା ଭିତରେ

ଆଉ ଯେତେବେଳେ ସାରା ସହର ଶୋଇଯାଏ
ସେତେବେଳେ ଏହି ସବୁ କବିତାଗୁଡ଼ିକ ଭିତରେ
ଭରା ଅବସାଦ
ଦୁନିଆ ଉପରେ ବରଷି ଯାଏ
ସାରା-ସାରା ରାତି

କିନ୍ତୁ ମୌସୁମ
ଯେତେ ଖରାପ ହେଉ ପଛେ
ବିଶ୍ୱାସ ଛାଡ଼ନ୍ତିନି କବିତାଗୁଡ଼ିକ
ସେଗୁଡ଼ିକ କୌଣସି ଅଦୃଶ୍ୟ ଝରକା ଦେଇ
ଚୁପ୍‌ଚାପ୍ ଦେଖୁଥାନ୍ତି
ପ୍ରତ୍ୟେକ ଯା-ଆସ କରୁଥିବା ମଣିଷକୁ
ଆଉ ଅତି ନିମ୍ନ ସ୍ୱରରେ କହନ୍ତି
ଧନ୍ୟବାଦ ! ଧନ୍ୟବାଦ !

ପ୍ରିୟ ପାଠକ

ପ୍ରିୟ ପାଠକ
ଦେଖା କରିବାକୁ ଆସିଥିଲି
ଜାଣିବାକୁ ପାଇଲି ଆପଣ ବାହାରେ ଅଛନ୍ତି
ସେଥିପାଇଁ ଫେରି ଯାଉଛି
ବିଶ୍ୱାସ କରନ୍ତୁ ଦେଖା କରିବାକୁ ଆସିଥିଲି
କବିତା ଶୁଣାଇବାକୁ ନୁହେଁ
ପହଞ୍ଚିବା ପାଇଁ କଷ୍ଟ ତ ହେଲା
କିନ୍ତୁ ଖୁସୀ ଯେ ଅନ୍ତତଃ ପହଞ୍ଚିଗଲି
ଆଶ୍ଚର୍ଯ୍ୟ ଯେ ଆପଣଙ୍କ ପଡ଼ାର
ଗୋଟିଏ ଛୋଟ ପିଲା
ମୋତେ ବତେଇ ଦେଲା ଆପଣଙ୍କ ଘରର
ଠିକ୍-ଠିକ୍ ନମ୍ବର
ତା ନ ହୋଇଥିଲେ କେଉଁ କବି ହୋଇଥାଏ ଏତେ ଭାଗ୍ୟଶାଳୀ
ଯିଏ ନିଜ ଘରୁ ବାହାରେ
ଆଉ ସିଧା ପହଞ୍ଚିଯାଏ
ସେହି ଦୁର୍ଲଭ-ଅଦୃଶ୍ୟ ନଗରର
ସେହି ଦୁର୍ଲଭ-ଅଦୃଶ୍ୟ ଦ୍ୱାର ନିକଟରେ
ଯାହା ସର୍ବଦା ଜଣେ ପାଠକର ହୋଇଥାଏ

ଯାଉଛି
କିନ୍ତୁ ପୁଣି ଥରେ ଆସିବି

ଆଜି ନୁହେଁ ତ କାଲି
ପଅରଦିନ ନୁହେଁ ତ ବର୍ଷକ ପରେ
ହୋଇପାରେ ପରଜନ୍ମରେ ହିଁ
ଭ୍ରମ ନ ହେଉ ଯେ ପରଜନ୍ମରେ
ବିଶ୍ୱାସ କରୁଛି

କିନ୍ତୁ ପ୍ରିୟ ପାଠକ
ଜଣେ କବିର କାମ ଚାଲେନି
ପରଜନ୍ମ ବିନା
ସିଏ ତାହା ହିଁ ତ କରେ ଅଧିକରୁ ଅଧିକ
ଯେ ଲୋକମାନଙ୍କ ଭିତରେ
ଆଉ ଏମିତି କି ବସ୍ତୁଗୁଡ଼ିକ ଭିତରେ ବି
ସବୁବେଳେ ରହିଥାଏ
ବାରମ୍ବାର ଜନ୍ମ ନେବାର ଇଚ୍ଛା
ଯାଉଛି
କିନ୍ତୁ ଆପଣଙ୍କ ଦୁଆର ଉପରେ
ଚଢ଼େଇ ପର ଯେମିତି ଗୋଟିଏ ଛୋଟ କାଗଜ
ଧୀରେ ରଖି ଦେଇ
ଯାହା ଫଳରେ ମନେ ରହିବ ଯେ ଜଣେ କବି ଆସିଥିଲା

କେମିତି କହିବି
ଉତ୍ତର ଦେବେ
ଆମ ସହରରେ
କବିର କୌଣସି ଗୋଟିଏ ଠିକଣା ନଥାଏ
ସିଏ ଯେତେଥର ଶ୍ୱାସ ନେଉଛି
ସେତିକି ଥର
ବଦଳି ଯାଉଛି ତାର ଠିକଣା
ସେଥିପାଇଁ ଡାକଘରର ସଂକଟ
ବଢ଼ାଇବାକୁ ଚାହୁଁନି

ପ୍ରିୟ ପାଠକ
ଅପରାଧ କ୍ଷମା କରିବେ
ଯେ ଆସିଲା ଆଉ ବିନା ଭେଟି
ଚାଲିଯାଉଛି
ସକାଳୁ ବାହାରିଛି
ସଂଜ ହେଲାଣି
ଯାଉ-ଯାଉ ଖାଲି ଗୋଟିଏ ମିନତି
ଯେ ଡେରି ହେଲେ ବି
ଯେତେବେଳେ ଆପଣ ଫେରିବେ
ସେତେବେଳେ ଆପଣଙ୍କ ପାଖରେ ପହଞ୍ଚୁ
ଜଣେ କବିର ପ୍ରଣାମ

BLACK EAGLE BOOKS

www.blackeaglebooks.org
info@blackeaglebooks.org

Black Eagle Books, an independent publisher, was founded as a nonprofit organization in April, 2019. It is our mission to connect and engage the Indian diaspora and the world at large with the best of works of world literature published on a collaborative platform, with special emphasis on foregrounding Contemporary Classics and New Writing.

www.ingramcontent.com/pod-product-compliance
Lightning Source LLC
Chambersburg PA
CBHW060616080526
44585CB00013B/858